Georg Blumenthal
Die Befreiung von der Geld- und Zins-Herrschaft
1. Auflage 2016

Reproduktion 2024
Herausgegeben von Anselm Rapp

Hinweise des Herausgebers

Georg Blumenthal war der erste und engste Mitstreiter des Sozialreformers Silvio Gesell. Seinem Schwiegersohn, meinem Vater Arthur Rapp, war es ein Anliegen, dass Blumenthals Schrift „Die Befreiung von der Geld- und Zinsherrschaft", die er noch ein Dreivierteljahrhundert nach ihrem Erscheinen für lesenswert und aktuell hielt, neu verbreitet würde. Im Bewusstsein, dass seine eigene Wegstrecke begrenzt war, bat er mich 1989, als Herausgeber eines Nachdrucks als „Vorab-Kleinauflage" zu fungieren. Im April 1990 starb mein Vater 86-jährig.

2010 erstellte ich eine Reproduktion der Schrift meines Großvaters Georg Blumenthal als E-Book. Ich habe sie dem Original möglichst genau nachgebildet. Die Seitenumbrüche konnten zwar nicht auf den Buchstaben, wenigstens aber auf den Satz genau durchgeführt werden, so dass die Seitennummern weitgehend mit dem Original übereinstimmen. Das E-Book ermöglicht Volltextrecherche und verfügt über ein elektronisches Inhaltsverzeichnis.

Inzwischen können Bücher ohne die riskanten Auflagenkosten auf Abruf gedruckt sowie als E-Books publiziert werden. Zudem erhalten sie eine ISBN, was Bestellung und kurzfristige Lieferung in den meisten Laden- und Online-Buchhandlungen ermöglicht.

Erst während der Erstellung des E-Books wurde mir bekannt, dass von der „Befreiung von der Geld- und Zinsherrschaft" fünf Auflagen erschienen sind. Ich habe mich gefragt, weshalb mein Vater die erste Auflage nachgedruckt hat; die nachfolgenden sollten ihm zugänglich gewesen sein. Ich bin zu dem Schluss gelangt, dass das Absicht war: Die erste Auflage scheint mir ganz besonders leicht verständlich.

Grundsätzlich ist zu bedenken, dass seit Herausgabe der ersten Druckauflage über ein Jahrhundert vergangen ist. Manche Gegebenheiten haben sich geändert, erstaunlich viele sind unverändert. Wirklich erklärungsbedürftig scheinen mir nur die häufig verwendeten Begriffe **Rentner** und **Rentier**. Beide stehen offenkundig für Bezieher ganz oder teilweise gegenleistungslosen Einkommens und nicht, wie heute geläufig, für Personen im Ruhestand.

Es ist mir eine Ehre und Freude, meines Vaters Wunsch zu erfüllen und die Schrift meines Großvaters auf diese Weise nachzudrucken sowie auf elektronischem Wege zu veröffentlichen.

Möge die Reproduktion die Verbreitung finden, die sie verdient hat und die mein Großvater und mein Vater erhofften. Meiner Frau danke ich für ihre Unterstützung.

Anselm Rapp, im Juli 2024

Der Titel dieser Schrift ähnelt der Nazi-Parole „Brechung der Zinsknechtschaft". Die Lektüre belegt, dass keinerlei ideologische (antisemitische, rassistische usw.) Gemeinsamkeiten bestehen. Die Freiwirtschaftsbewegung war während des Dritten Reichs verboten.

Bibliografische Information der Deutschen Nationalbibliothek: Die Deutsche Nationalbibliothek verzeichnet diese Publikation in der Deutschen Nationalbibliografie; detaillierte bibliografische Daten sind im Internet über dnb.dnb.de abrufbar.

Die automatisierte Analyse des Werkes, um daraus Informationen insbesondere über Muster, Trends und Korrelationen gemäß §44 UrhG („Text und Data Mining") zu gewinnen, ist untersagt.

Georg Blumenthal: Die Befreiung von der Geld- und Zins-Herrschaft
1. Auflage 1916

Erster Nachdruck 1989 im Eigenverlag
E-Book im PDF-Format 2010 und 2013

Reproduktion, Herausgeber und © 2024: Anselm Rapp, München

Herstellung und Verlag:
BoD – Books on Demand, Norderstedt
ISBN: 978-3-75972-047-4

Georg Blumenthal

Die Befreiung

von der

Geld- und Zins-Herrschaft.

Ein neuer Weg
zur Ueberwindung des Kapitalismus.

1. Tausend

1916.

Physiokratischer Verlag, Berlin Lichterfelde, Ringstr. 49.
Auslieferung für den Buchhandel: Bernhard Hermann in Leipzig.

Preis 1 Mark

Berlin-Lichterfelde, Druck von Fritz Herrmann.

Inhalts-Verzeichnis:

Eingeheftet: 1 Geldmuster.
Organisations- und Literatur-Nachweis am Schluß.

Vorwort des Verfassers!

Den Grundriß zu der vorliegenden Arbeit bildete ein Vortrag, den ich am 13. März 1913, einer Aufforderung des Sozialwissenschaftlichen Vereins folgend, in der Landwirtschaftlichen Hochschule zu Berlin hielt.

Die Fragen und Einwände, welche die Zuhörer an meinen Vortrag knüpften, zeigten mir, daß man bei Ausführungen, wie sie auch in dieser Schrift vorliegen, gar nicht deutlich und umsichtig genug sein kann. Ich faßte deshalb schon damals den Entschluß, den Vortrag unter Hinzufügung und genauerer Ausarbeitung der ursprünglich weniger berücksichtigten Punkte, in Form einer kleinen Druckschrift herauszugeben.

Der inzwischen ausgebrochene Weltkrieg hat in seinem Verlauf zwar in mancher Hinsicht die wirtschaftlichen Verhältnisse geradezu auf den Kopf gestellt; die hier aufgedeckten Beziehungen zwischen Geld und Ware, Kapital und Arbeit bleiben aber im allgemeinen trotzdem bestehen und werden bei Eintritt normaler Verhältnisse wieder unbeschränkt Geltung haben. Soweit erforderlich, habe ich der gegenwärtigen, veränderten Sachlage durch einige kurze Hinweise Rechnung getragen.

Meine Ausdrucksweise wird manchen Lesern vielleicht etwas „umständlich" erscheinen; auch ließen sich Wiederholungen mancher Gedankengänge leider nicht vermeiden, was darauf zurückzuführen ist, daß die verschiedenen Gebiete der Volkswirtschaft den Einwirkungen des Geld- und Zinswesens, die hier in Betracht zu ziehen waren, ganz gleichmäßig unterliegen und sich zudem wechselseitig beeinflussen.

Immerhin hätte ich manchen stilistischen Mangel vermeiden können, mußte dann jedoch befürchten, daß dies die Deutlichkeit meiner Ausführungen und somit die Sicherheit des Verständnisses für nationalökonomisch weniger geschulte Leser beeinträchtigen könnte.

Vor diese Wahl gestellt, entschied ich mich, angesichts der Wichtigkeit, die der hier behandelten Materie für die breiten Volksmassen zukommt, vor allem s o d e u t l i c h w i e n u r i r g e n d m ö g l i c h z u s e i n .

Was ich in diesen Blättern zu sagen habe, sollen alle verstehen können, welchen Standes und Bildungsgrades sie auch sein mögen. Ist mir dies gelungen, so will ich die sonstigen Mängel und Schönheitsfehler meiner Arbeit gern auf mich nehmen.

Indem ich die vorliegende Schrift der Öffentlichkeit übergebe, möchte ich nicht unterlassen, Herrn S i l v i o G e s e l l , meinem verehrten Freunde, für die mir allezeit erwiesene Belehrung und Förderung meinen aufrichtigen Dank auszusprechen.

B e r l i n - L i c h t e r f e l d e , im Juni 1916.

Georg Blumenthal

Erster Teil

I.

Das Geld als Kulturfaktor

Geld und Zins! —— —

Gibt es wohl ein trockeneres und nüchterneres Thema als dieses?

Und in der Tat, das Gebiet, auf das uns die nachfolgenden Untersuchungen führen, steht allgemein in dem Rufe, daß es keinerlei Spielraum für die Phantasie und das Gemüt bietet; nur verstandesgemäßes, folgerichtiges Denken hat hier Raum und kann zur Lösung der Fragen führen, die das Geld- und Zinsproblem uns stellt.

Daß wir uns hier eine sozialpolitische Beleuchtung des bisher noch ziemlich dunklen Gebietes zur Aufgabe stellen, dürfte vielleicht dazu beitragen, den eisigen Vernunfthauch, der von ihm ausgeht, etwas zu mildem. Die so nüchternen, nackten Tatsachen sollen hier in das wärmere Licht der sozialen Gerechtigkeit gerückt werden. Aber das anfangs erwähnte Urteil behält trotzdem eine gewisse Berechtigung und dies ist wohl auch der Grund, weshalb man bisher das Studium des Geld- und Zinsproblems so arg vernachlässigt hat.

Seit einiger Zeit ist dies freilich insofern anders geworden, als allerlei bedenkliche Erscheinungen, die sich seit Jahren auf dem Geldmarkt bemerkbar machten, dahin gewirkt haben, daß sich nunmehr auch diejenigen Kreise der Bevölkerung, denen sonst das Studium dieser Materie gänzlich fern liegt, in zunehmendem Maße mit den Fragen des Geldwesens beschäftigen. Und besonders der Krieg, mit seinen finanziellen Begleitumständen, hat mehr als alles andere dazu beigetragen, die öffentliche Aufmerksamkeit auf dies bisher wenig beachtete Gebiet zu lenken. Man begreift allmählich, daß das Geldwesen eine überaus wichtige — ja, vielleicht die w i c h t i g s t e — kulturelle Einrichtung ist, die wir haben. Man kann getrost und ohne Uebertreibung sagen, daß das Geld „ d e r T r ä g e r a l l e r m a t e r i e l l e n I n t e r e s s e n d e r K u l t u r m e n s c h e n i s t . [1]

---

[1] Dr. O Stillich: „Das Geld- und Bankwesen," Verlag C. Curtius, Berlin W.

Wie so oft, ist auch hier der Volksmund der wissenschaftlichen Erkenntnis vorausgeeilt: „Geld regiert die Welt" ist ein gebräuchliches Sprichwort unserer Zeit geworden und man will dadurch die große Macht und Bedeutung, die dem Gelde zukommt, ausdrücken. Und doch stößt man bei Unkundigen immer wieder auf Zweifel. Der naive Verstand sträubt sich offenbar zunächst dagegen, die Herrscherstellung des Geldes nicht nur in der Volkswirtschaft, sondern auch mit Bezugnahme auf unsere gesamte Kulturgestaltung, anzuerkennen. Welcherlei übermächtige Kräfte, so fragt sich zunächst jeder — können denn in dieser Metallscheibe oder in diesen bedruckten Papierstückchen, die so geräuschlos ihre Dienste verrichten, stecken? Freilich, wenn wir diese gelben Metallscheiben oder die blauen und braunen Zettel in der Hand halten, so fühlen wir uns als die Herren dieser Dinge und können unsererseits nach Belieben mit ihnen schalten und walten — wohl verstanden, wenn wir sie im Besitze haben. Ganz anders aber gestaltet sich die Sache schon, wenn sie uns fehlen; nicht nur, daß unser Selbstbewußtsein sofort erheblich herabgemindert wird, auch unsere lieben Mitmenschen sehen niemanden für voll an, von dem sie nur im geringsten ahnen, daß er nicht über ein Gewisses Quantum dieser gelben Metallscheiben oder dieser blauen und braunen „Lappen" verfügt, mag er sonst auch der ehrenhafteste und wertvollste Mensch sein. Er ist in allem seinem Tun und Lassen, in allen seinen Unternehmungen gehemmt und beschränkt, sobald ihm das nötige Geld fehlt. Wir sehen also hier schon, daß der Mensch und seine Geschicke in hohem Maße vom Geld abhängig sind.

Wie es aber dem Einzelnen hinsichtlich des Geldes ergeht, so ergeht es auch ganzen Völkern und ich stehe nicht an, V e r - f a l l   u n d   A u f s t i e g   g a n z e r   K u l t u r - e p o c h e n   i n   e n g s t e   B e z i e h u n g e n   z u   i h - r e m   j e w e i l i g e n   G e l d w e s e n   z u   b r i n g e n . Es mangelt übrigens auch durchaus nicht an geschichtlichen Beweisen dafür, daß z. B. das römische Weltreich in erster Linie an den Mängeln seines Geldwesens zugrunde ging.

Um die Macht und den ungeheuren Einfluß des Geldwesens auf die jeweilige Kulturgestaltung zu verstehen, müssen wir bedenken, daß das Geld die Voraussetzung der A r b e i t s - t e i l u n g   und somit auch unserer hochentwickelten Technik ist. Wir müssen uns darüber klar sein, daß der größte Teil unserer heutigen Kulturvölker wiederum nur der A r b e i t s t e i l u n g und der durch sie ermöglichten hohen Technik der Produktion und des Verkehrs überhaupt die Daseinsmöglichkeit verdankt. Ohne die Arbeitsteilung könnte z. B. das heutige Europa wohl kaum den zehnten Teil seiner Bevölkerung ernähren und auch dieser Rest würde nur ein kümmerliches und elendes Dasein gleich Wilden führen können. Denken wir uns also das Geldwesen und somit die Arbeitsteilung und die auf ihr beruhende hochentwickelte Technik hinweg, so wäre eine Katastrophe vorauszusehen, wie sie die Welt wohl kaum jemals gesehen hat, und wenige Jahrzehnte würden bestimmt genügen, um die Ueberreste einst stolzer Kulturvölker um Jahrtausende zurück in die Barbarei zu schleudern.

Die so hochentwickelte Arbeitsteilung beruht eben nur auf der Austauschmöglichkeit der Waren, Produkte und Leistungen. Und diesen millionenfach verschlungenen Austausch vermittelt e i n z i g   u n d   a l l e i n   d a s   G e l d ! In der Urproduktion, wo jedermann alle Dinge, die er für sein primitives Leben gebrauchte, selbst herstellte und auch selbst verbrauchte, bedurfte es freilich keines Geldes. Aber bereits bei den ersten Kulturanfängen stoßen wir auch sofort auf irgend ein mehr oder weniger entwickeltes Geldwesen, welches allerdings je nach Land und Leuten verschieden war.

Wie fast alle Keime unserer abendländischen Kultur, so dürfte auch das Geld- und Münzwesen seinen Ursprung in Aegypten haben, und die ältesten ägyptischen Münzen, von denen uns berichtet wird, bestanden aus kleinen keilförmigen Serpentinstückchen, welche oben halbkugelförmig abgeschliffen waren. Aber auch Silber- münzen finden wir bereits in einer Zeit erwähnt, welche etwa 4000 Jahre zurückliegt.[2] Auf die erste Goldmünze stoßen wir um das Jahr 1500 v. Chr. bei den Juden, also um die Zeit ihres Auszuges aus Aegypten. Es war dies der sogenannte S c h e c k e l , eine Goldmünze, welche zugleich als Gewicht diente. Ein ganz anders geartetes Geldwesen erzeugte wieder die asiatische Kultur. So zirkulierten beispielsweise in Siam noch vor

---

[2] Dr. Max Wirth: „Das Geld," Verlag G. Freytgag in Prag und Leipzig

etwa fünfundzwanzig Jahren ländliche P o r z e l l a n - m ü n z e n ; in Birma und an der chinesischen Grenze dienten vorzugsweise Salztafeln als Tausch- und Zahlungsmittel und auch bei einigen Negerstämmen und in Abessinieu diente das Salz gleichen Zwecken. Verschiedene Forscher berichten darüber, daß z. B. ein 10--12jähriger Negerknabe in der Regel mit etwa 10 Pfund Salz bezahlt wurde. In Hochasien, Tibet und China wiederum dienten T e e z i e g e l , also in Barrenform geprellter Tee, als Tauschmittel und die Chinesen bezahlten bis in die neuere Zeit hinein damit den Sold ihrer Truppen. Von den alten Mexikanern wird uns berichtet, daß sie kleine Säcke mit je 24 000 K a k a o - b o h n e n als Währungseinheit benutzten, und in vielen Teilen Afrikas dient noch heute die sogenannte K a u r i m u s c h e l als Zahlungsmittel, — eine kleine Muschelart, von der etwa 30— 40 000 Stück auf einen Zentner kommen. Vieh, besonders Rinder haben wohl in allen Weltteilen und zu allen Zeiten als Zahlmittel gedient[3] und zum Schlüsse will ich noch eine Kuriosität erwähnen, die Dr. Max Wirt in seiner bereits genannten Schrift „Das Geld" erzählt: In Russisch- Sibirien benutzte man nämlich lange Zeit hindurch Zobelfelle als Tausch- und Zahlmittel, also als Geld. Da man aber die Beobachtung machte, daß die Felle durch den fort- während Transport unansehnlich und schadhaft wurden, so schuf man sich einfach ein Ersatzgeld, also eine Art von Geldsurrogat, welches etwa die Stelle unserer Banknoten vertrat, d. h. man schnitt von den Zobelfellen die Köpfe ab, versah sie mit einem Siegel und nun zirkulierten statt der Felle die Köpfe von Hand zu Hand, während die Felle selbst als „Deckung" dienten und nur bei direktem Bedarf gegen Vorzeigen dieser gesiegelten Köpfe verab- folgt wurden.

Je höher sich die Kultur jedoch mit Hilfe des Geldes ent- wickelt, je mehr sich die Arbeit spezialisiert, je mehr die Arbeits- teilung fortschreitet, um so unentbehrlicher wird auch ein ent- sprechend organisiertes Geldwesen. Kulturaufstieg und Ver- besserung des Geldwesens gehen stets Hand in Hand. Eines ohne das andere ist undenkbar.

---

[3] Lateinisch: pecus = Vieh = Geld; daher noch heute der Ausdruck „pecuniär" für Angelegenheiten, die mit Geld zusammenhängen.

II.
Das Geld als Tauschmittel

Die gewaltige Bedeutung des Geldes liegt — wie schon kurz erwähnt wurde — im Wesen der Arbeitsteilung begründet.

Die Arbeitsteilung unterscheidet sich von der Urproduktion vor allem dadurch, daß sie „ W a r e " hervorbringt, d. h. Produkte und Güter, die eigens für den Austausch und den Handel (also für den „Markt") erzeugt werden, ihren Verfertigern selbst aber in der Regel nutzlos sind. Die Waren, welche durch die Arbeitsteilung hervorgebracht werden, dienen also den Produzenten nur als Mittel, um sich ihrerseits durch Austausch wiederum in den Besitz anderer Waren und Produkte zu setzen, die sie zum Leben gebrauchen, die sie selbst aber nicht herstellen können, weil ihnen entweder das Rohmaterial fehlt, oder die nötigen Kenntnisse für den betreffenden Produktionszweig mangeln und sie zudem in Ihrem jeweiligen Spezialfach voll beschäftigt sind. Ebenso verlangt die Arbeitsteilung Teilarbeit und Leistungen, die denen, die sie tun, gleichfalls nichts nutzen können, sondern ebenfalls nur zur Erlangung all der verschiedenen Dinge dienen, die jeder einzelne für sich gebraucht.

Wir sehen also, daß die Arbeitsteilung vor allem auf der A u s t a u s c h m ö g l i c h k e i t all der unendlich verschiedenen Produkte, Waren und Leistungen beruht, daß aber alle diese Leistungen und Gegenleistungen nur mit Hilfe des Geldes ausgetauscht, nach Geld bemessen, mit Geld „bezahlt" werden können. Die Geldsumme, die jeder für seine Teilarbeit, für seine Ware oder für seine Leistungen erhält, entscheidet wiederum zugleich darüber, wieviel er seinerseits nun auf dem Markt des Landes an Leistungen oder Produkten zu verlangen hat — also über „Mein und Dein". Das Geld ist demnach nicht nur das unentbehrliche Tauschmittel, sondern, soweit es durch die Währung zugleich die Grenzen von Mein und Dein schützt, auch ein zuverlässiger Maßstab für die Güterverteilung auf der Grundlage des Privateigentums.

Ohne das Geld wäre es einfach unmöglich, die millionenfach verschiedenen Waren und Produkte, die bis ins kleinste gehende Teilarbeit, die teils unwägbaren und unmeßbaren Leistungen untereinander abzuschätzen und miteinander auszutauschen. Wie wollen z. B. ohne Zuhilfenahme des Geldes ein Eisendreher, ein Bäcker, ein Landwirt, ein Postbote und ein Lehrer ihre Produkte und Leistungen untereinander wechselseitig austauschen? Eine kurze Ueberlegung wird jedem ohne weiteres die absolute Unentbehrlichkeit des Geldes zum Bewußtsein bringen.

Würde das Geld diese seine Aufgabe des Güteraustausches und zugleich die der Güterverteilung immer in befriedigender Weise erfüllen, so wäre es die vorzüglichste Einrichtung und über alle Kritik erhaben. Aber ebenso müssen sofort unheilvolle Folgen entstehen, wenn das Geld seine Funktionen nicht erfüllt, wenn, wie wir dies in zunehmendem Maße beobachtet haben, allerlei Störungen, unberechenbare Stockungen und Verschiebungen des Geldumlaufes eintreten. Die periodisch wiederkehrenden „Versteifungen" des Geldmarktes, die Thesaurierungs-(Versteckungs)Politik des Geldes bei Kriegsgerüchten und politischer Bewölkung[4] die unheilvollen Wirtschaftskrisen, der ständige Wechsel der Konjunkturen, die unheimlichen Preissteigerungen usw. — dies alles lenkte bereits vor dem Kriege in zunehmendem Maße die öffentliche Aufmerksamkeit auf das Geldwesen und läßt uns vermuten, das hier etwas nicht in Ordnung ist.

Es empfiehlt sich also, daß wir bei allen volkswirtschaftlichen Untersuchungen in e r s t e r   L i n i e   v o m   G e l d -
w e s e n   a u s g e h e n ,   daß wir unser Augenmerk vor allem

---

[4] Dabei kann der wirkliche Ausbruch des Krieges sogar eine Hochkonjunktur in den beteiligten Lindern auslösen, wenn die Geldverwaltung (wie z. B die Reichsbank in Deutschland wahrend des Kriege«) durch Ausgabe von Papiergeld dafür sorgt, daß genügend Geld an die Stelle der versteckten Goldmünzen tritt, oder gar darüber hinaus die umlaufende Geldmasse vermehrt wird. Ist dann die Kriegslage günstig und wird durch erfolgreiche Kriegsanleihen die Armeeverwaltung in die Lage versetzt, ihrerseits mit großen Aufträgen und prompter Zahlung den Mark zu beleben, so bewirkt die lebhaftere und vergrößerte Geldzirkulation sogar wahrend des Krieges eine starke Hochkonjunktur, wie wir diese ja erlebt haben. Gefährlich ist die Situation gewöhnlich nur, solange alles in Ungewißheit schwebt und sich die Dinge nicht übersehen lassen. Daß die Reichsbank in Verbindung mit der Reichs-Darlehnskasse im rechten Moment mit Papiergeld einsprang, bewahrte die deutsche Volkswirtschaft vor einer Katastrophe.

auf die Frage richten: Erfüllt das Geld seine Aufgabe in zuverlässiger Weise, d. h. vermittelt es ununterbrochen, gleichmäßig und unter allen Umständen den Austausch der Güter und Leistungen und entscheidet es wirklich einwandfrei über „Mein" und „Dein", über „Soll" und „Haben", also über die Güterverteilung im privat- und volkswirtschaftlichen Sinne?

Wir werden jedoch sehen, daß unser, aus dem grauen Altertum überkommenes Geldwesen, durchaus nicht diesen Anforderungen entspricht.

III.
Die Unregelmäßigkeit des Geldumlaufes und ihre Wirkungen.

Die in der Beschaffenheit unseres Geldes begründete U n - m ö g l i c h k e i t einer wirklich zweckmäßigen Verwaltung desselben bewirkt es, daß der Geldumlauf kein gesicherter und regelmäßiger, sondern allerlei unberechenbaren Zufällen unterworfen ist. hängt doch die Goldproduktion, d. h. ob viel oder wenig Geldstoff (Gold) gefunden wird, tatsächlich vom reinen Z u f a l l ab und somit auch die überhaupt vorhandene Menge des umlaufenden Bargeldes, was natürlich für die ganze Wirtschaftslage von entscheidendem Einfluß ist.

Aber wie einerseits der S t o f f , aus dem das Geld hergestellt ist (also das Gold) die Volkswirtschaft dem Zufall überliefert, so wird sie andererseits durch die Beschaffenheit unserer herkömmlichen G e l d v e r f a s s u n g der persönlichen Willkür der jeweiligen Geldinhaber preisgegeben. Die Zufälligkeiten der Goldproduktion und die Willkür des Geldumlaufes (wozu noch die Währungspolitik der Staaten kommen kann) bewirken eben jene unheilvollen und zugleich unberechenbaren Verschiebungen, deren üble wirtschaftliche Folgen in ihrer Gesamtheit den größten und wichtigsten Teil der sogenannten „sozialen Frage" ausmachen.

Die jährliche Goldproduktion stieg z. B. von 169 869 Kilogramm, die im Jahre 1800 gewonnen wurden, im Jahre 1911/12 auf 703 411 kg — also auf das Vierfache! Da wir nun das freie Prägerecht für das Gold haben, d. h. da die Reichsbank jedes ihr angebotene Quantum Gold mit 2700 Mark bezahlt und die deutschen Munzprägestätten jedes beliebige Quantum Gold in deutsche Reichsmünzen umprägen müssen, so findet naturgemäß durch eine derartige Steigerung der Goldproduktion auch eine riesige Vermehrung der umlaufenden Goldmünzen statt. Bedenkt man weiter, daß die Notenbanken auf je 100 Mark in Gold 300 Mark in Banknoten ausgeben können, daß sich auch erfahrungsgemäß die auf dem Bargelde basierenden Geldsurrogate (Wechsel und Schecks) zusammen mit dem Bargelde vermehren, so wird man leicht einsehen, daß eine derartige rein z u f ä l l i g e ungeheure Vermehrung des Geldumlaufes und der sonstigen Tausch- und Zahlmittel auch eine bestimmte Wirkung auf die gesamte Volkswirtschaft ausüben muß. Wir haben diese Wirkung in einer bis zum heutigen Tage ununterbrochen andauernden Hochkonjunktur und der mit dieser Hand in Hand gehenden unerhörten Teuerungsperiode, d. h. einer Periode von Preissteigerungen, kennen gelernt. Aber derselbe Zufall, der uns seit nunmehr etwa 20 Jahren ununterbrochen in die Höhe hob, kann uns morgen in den Abgrund werfen.[5] Und selbst, wenn uns dieser Zufall (die Goldfunde und die Vermehrung der Zahlmittel) dauernd günstig bleiben würde, so sind wir doch keine Stunde vor der Willkür sicher, der wir durch die Beschaffenheit des Geldes preisgegeben sind, die es bewirkt, daß es lediglich vom Willen oder von den Interessen der jeweiligen Geldinhaber (Großkaufleute, Kapitalisten, Banken usw.) abhängt, ob das einmal in Umlauf gebrachte Geld auch weiterhin zirkuliert und sich der Volkswirtschaft zur Verfügung stellt oder nicht. Die sich oft über viele Länder der Erde erstreckenden wirtschaftlichen Krisen bieten uns ja ein lehrreiches Beispiel für die Folgen, die eine Einschränkung des Geldumlaufes hat. Das eine dürfte doch ohne Weiteres klar sein, daß jede Unregelmäßigkeit im Geldumlaufe sich auch unmittelbar auf die Volkswirtschaft, auf Handel und Gewerbe überträgt, und sich in den Preisbewegungen und in Börsen-

---

[5] In volkswirtschaftlichem Sinne bewirkt „Hochkonjunktur" (Teurung, Preissteigerung) einen Aufschwung; privatwirtschaftlich schädigt sie die Gläubiger (Inhaber von Guthaben und Geldforderungen) und begünstigt die Schuldner, deren Schuldverpflichtungen (an realen Gütern gemessen) dadurch kleiner werden.

differenzen, nach oben oder unten, ausdrückt.

Abgesehen von den rein volkswirtschaftlichen Wirkungen, zeitigen die unberechenbaren Unregelmäßigkeiten im Geldumlauf und die damit zusammenhangenden Preisschwankungen auch fortwährend sehr gefährliche Verschiebungen zwischen Mein und Dein, zwischen Soll und Haben, zwischen Gläubigern und Schuldnern in privat- wirtschaftlicher Beziehung. Alle geschäftlichen Abschlüsse und Vereinbarungen, alle Schuldverschreibungen, Lohnverträge, Pensionen, Gehaltssätze usw. lauten auf ganz bestimmte nominelle[6] Geldbeträge; i h r m a t e r i e l l e r   I n h a l t   i s t   a b e r   m a n g e l s e i n e r   w i r k l i c h e n   W ä h r u n g   i n   k e i n e r W e i s e   g e w ä h r l e i s t e t, denn dazu wäre vor allem nötig, daß im Durchschnitt alle Preise und somit die „Kaufkraft" der betreffenden nominellen Geldsummen „währen", d. h. fest bleiben. Nur dann hätten wir eine wirkliche Währung. Bei Preissteigerungen, die in den letzten Jahrzehnten (vor dem Kriege) bereits durchschnittlich 25 Prozent betrugen und während des Krieges w e i t — sehr weit — darüber hinaus gingen, verschiebt sich naturgemäß auch der materielle Inhalt aller Abmachungen, die auf einen festen Geldbetrag lauten. Die Preissteigerung der Ware bedeutet doch nichts anderes als ein Sinken der Kaufkraft resp. eine sogenannte „Entwertung" des Geldes. In diesem Falle sind die Gläubiger, d. h. alle diejenigen, welche irgend eine Geldforderung haben, einfach durch die Währung um 25 Prozent (oder entsprechend mehr) ihrer Forderung betrogen, während der Schuldner in gleichem Maße im Vorteil ist. Ein verschuldeter Bauer, der bisher 1000 Zentner Kartoffeln verkaufen mußte, um seinen Verpflichtungen gegen seine Gläubiger nachzukommen, braucht bei einer Preissteigerung von 25 Prozent nur noch 800 Zentner zu opfern, um dieselbe Summe bezahlen zu können. Tritt der Gläubiger nun aber seinerseits als Käufer auf, so muß er die Erfahrung machen, daß z. B. 2000 M., die er erhält, nicht mehr ausreichen, um dieselben Waren, die er vor der Preissteigerung damit erstehen konnte, zu kaufen, sondern daß er noch 500 Mark dazu

---

[6] Nominell heißt soviel wie nach dem Nennbetrage" oder „dem Namen nach."

legen muß. Stellt sich dagegen ein allgemeiner P r e i s r ü c k - g a n g ein, wie z. B. nach Einführung der Goldwährung in den siebziger Jahren, so ist wiederum der Gläubiger im Vorteil und der Schuldner (hier also der Bauer) im Nachteil. Sinkt z. B. der Weizenpreis von 240 Mark per Tonne auf 160 Mark, so ist doch ganz klar, daß nun der Schuldner einen entsprechend größeren Teil seiner gesamten Ernte opfern muß, um seinen n o m i n e l l e n Geldverpflichtungen nachzukommen. Die sogenannte „Not der Landwirtschaft" wurde s. Zt. von den Agrariern ganz mit Recht auf die Goldwährung zurückgeführt. Ebenso verhält es sich, wie gesagt, mit allen sonstigen Abmachungen, Forderungen, Pacht- und Lohnverträgen usw. Der Beamte z. B., dessen Gehalt ebenfalls, und zwar immer auf längere Zeit im Voraus, auf einen nominellen Geldbetrag festgesetzt ist, erleidet in Zeiten allgemeiner Preissteigerung ebenfalls einen entsprechenden Nachteil, d. h., er wird durch die verminderte Kaufkraft seines Gehaltes einfach um einen manchmal recht erheblichen Teil desselben geprellt, obwohl ihm die Behörden die nominelle Summe auf Heller und Pfennig auszahlen.

Aber auch die Lohnverhältnisse aller übrigen Berufsgruppen hinken stets nur allmählich und mühsam hinter den meist sprunghaft eintretenden Preissteigerungen her. Und bis dann schließlich ein annähernder Ausgleich erzielt ist, kippt die „Konjunktur" des betreffenden Berufszweiges inzwischen womöglich in ihr Gegenteil um.

Je größer die Preisschwankungen (nach oben oder unten) um so gefährlicher sind die Wirkungen. Der wirtschaftliche Ruin von Tausenden ist oft lediglich auf die hier angedeuteten Mängel der Währung zurückzuführen. Es kann vorkommen — und wir befinden uns, infolge des Krieges und seiner finanziellen Begleitumstände, bereits auf dem besten Wege dazu — daß sich auf diese Weise die bisherigen Schuldner allmählich in Gläubiger verwandeln und umgekehrt, die bisherigen Gläubiger zu Schuldnern werden.

Mit all diesen Unzuträglichkeiten erschöpfen sich jedoch die verhängnisvollen Nebenwirkungen unseres Geldwesens nicht. Wie ich weiterhin noch nachweisen werde, sind nicht nur die vorübergehenden Wirtschaftskrisen mit ihrem Gefolge von Arbeitslosigkeit, Elend, Verzweiflung und Verbrechen in erster Linie auf die Mängel des überlieferten Geldwesens zurückzuführen, sondern ebenso auch die Dauer-Erscheinung der Massenarmut und das in allen Kultur-ländern vorhandene sogenannte „Prole-tariat". Ich will auf diese Frage hier noch nicht näher ein-gehen; alles, was ich bisher anführte, soll nur darauf hindeuten, daß hier, beim Geldwesen, welches gleichsam das „Zentral-Nerven-system der Volkswirtschaft" darstellt, etwas nicht in Ordnung ist. Dies ist aber angesichts der ungeheuren Macht und Bedeutung des Geldwesens um so gefährlicher, als wir alle persönlich dieser Macht unterstehen und letzten Endes mit unserer ganzen Existenz von ihr abhängig sind.

Um z. B. einmal eine Kraftprobe der Macht des Geldes zu erbringen, brauchen unsere Großbanken nur 2 bis 3 Monate hin-durch alle fälligen Wechsel einzukassieren und die Diskontierung neuer Wechsel zu verweigern. Bei einem jährlichen Wechselumlauf von 35—40 Milliarden und einem Gesamtbestande von etwa 8 Milliarden an Bargeld ist leicht auszurechnen, daß dies der Ein-ziehung alles überhaupt im ganzen Lande vorhandenen Bargeldes gleichkäme und den völligen wirtschaftlichen Zusammenbruch des Landes unbedingt herbeiführen müßte. Unseren Großbanken fehlte bisher vielleicht der Mut oder auch der Wille zu solchen Kraft-proben, bei denen ihnen wohl auch die Reichsbank hindernd in den Weg treten würde. Dagegen möchte ich daran erinnern, daß z. B. der amerikanische Milliardär Morgan im Jahre 1907 ein derartiges für ihn sehr einträgliches Experiment sich geleistet hat, dessen Wirkungen wir ja bis hierher verspürt haben, sodaß sogar unsere Reichsbank infolge großer Goldsendungen nach Amerika nur mit Not und Mühe die gesetzliche Dritteldeckung ihrer Banknoten aufrecht erhalten konnte.

IV.
Wert oder Preis ?

Ueber die Ursache der Störungen in der Volkswirtschaft ist nun von Berufenen und Unberufenen seit jeher viel nachgeforscht und nachgedacht worden. Aber entweder drangen alle bisherigen

Forscher überhaupt gar nicht bis zum Geldwesen vor, oder aber ihre Untersuchungen verliefen trotzdem ergebnislos. Der Sumpf, in den sie schließlich alle hineingeraten, ist nämlich die sogenannte „L e h r e v o m W e r t", der „W e r t g e d a n k e", das heißt, die Vorstellung, daß allen Waren, und namentlich dem Gelde selbst, ein sogenannter „Wert" innewohnt resp. innewohnen müsse. Es ist viel über den „Wert" geschrieben worden, die besten und widerstandsfähigsten Köpfe sind an diesem unbegreiflichen Begriff — richtiger wäre, an diesem Phantom — gescheitert. Zur Klarheit darüber ist bisher keiner gelangt. Und obwohl man in den Kreisen der Fachgelehrten bereits so weit gekommen ist, den „Wert" als etwas „Subjektives" d. h. in unserer eigenen Anschauung — nicht aber in den Dingen selbst liegendes — zu betrachten, haben sich die Wertgläubigen doch bisher nicht von diesem Spuk losmachen können. Wohl sterben sie nach und nach aus, aber zu bekehren waren, sie nicht. Ich will hier nur das Eine sagen: so lange wir von der „Wertlehre" befangen sind, stehen wir machtlos dem Gelde gegenüber und dadurch auch allen Wirkungen etwaiger Fehler desselben.

In neuerer Zeit war es namentlich S i l v i o G e s e l l, der durch sein Werk „D i e n e u e L e h r e v o n G e l d u n d Z i n s" viel Licht in dies bis dahin dunkle Gebiet brachte. Im Gegensatz zu anderen Theoretikern ging er bei seinen Untersuchungen nicht vom Wertgedanken, d. h. nicht von dem „festen inneren Wert" aus, der irgendwelchen Gütern, Waren oder dem Gelde innewohnt, oder als Eigenschaft anhaften soll, sondern er ging lediglich aus von dem V e r h ä l t n i s, welches durch Angebot und Nachfrage zwischen Geld und Ware bzw. Arbeitsmarkt besteht. In bisher unwiderlegter Beweisführung zeigt er uns. daß die ganze Wertlehre von einer Einbildung — von einer Illusion — ausgeht, von der bei näherem Zusehen nichts übrig bleibt, als der P r e i s. Der Preis tritt bei Gesell's Untersuchungen an die Stelle des sogenannten Wertes, der also niemals als feste „innere" Eigenschaft dem Gelde oder der Ware innewohnt. Im Preise aber drückt sich immer nur ein V e r h ä l t n i s aus, und zwar das Verhältnis von A n g e b o t u n d N a c h f r a g e zwischen Geld und Ware. Der Preis ist das einzige Reale, das Wirkliche, worauf es ankommt, womit wir zu rechnen haben. Gesell ersetzt deshalb die bisherige Theorie des Wertes durch die Theorie des Preises. Mit dem Gegenstand der Wertlehre können wir im praktischen Leben nichts anfangen, alles dreht sich nur um den Preis. Preise müssen wir bezahlen und Preise können wir erzielen.

Was man auch aus den Umschreibungen der Wert-Theoretiker heraus als „Wert" aufzufassen versuchen mag — es wird durch die tatsächlichen Preise, wie sie sich aus Angebot und Nachfrage ergeben, illusorisch und überflüssig gemacht; selbst im Falle seiner Realität könnte es immer nur im Preise mit einbegriffen sein.[7] Unsere weitere Untersuchung wird die Haltlosigkeit der Wert-Lehre auch denen klar machen, die noch immer von diesem Aberglauben befangen sind. Und den Marxisten wird endlich die Erkenntnis aufklaffen:

Karl Marx meint mit dem so-genannten „Wert" lediglich den vom arbeitlosen Einkommen (Mehrwert) befreiten Preis. Wenn alle Preise nur aus Löhnen bestehen, ist das Problem gelöst, mit dem Marx sich ver-geblich abmühte.

Ich stütze mich also in meinen weiteren Ausführungen lediglich auf die Theorie Gesell's und wir treten damit in eine völlig neue Betrachtung der volkswirtschaftlichen Probleme ein.

V.
Angebot und Nachfrage

Das natürliche Gesetz der Volkswirtschaft ist der A u s - t a u s c h materieller und intellektueller Güter und Leistungen. Dieser volkswirtschaftliche Güteraustausch hat aber zur Voraussetzung das A n g e b o t und die N a c h f r a g e , d. h. die auszutauschenden Güter müssen sich a n b i e t e n und das Geld muß die N a c h f r a g e für sie vertreten und ihren Austausch vermitteln.

---

[7] Wer sich eindringlicher Ober den „Wertgedanken" unterrichten will, der lese: Prof. Fr. Gottl: „Der Wertgedanke, ein verhülltes Dogma der Nationalökonomie," Fischers Verlag, Jena.

Verschiebt sich nun aus irgend einem Grunde das Verhältnis zwischen Angebot und Nachfrage, so verschieben sich natürlich auch die Preise entsprechend. Wird z. B. die Nachfrage nach Waren (also das Geldangebot) größer, so werden die Warenpreise steigen, und die „Kaufkraft" des Geldes (also der mit Waren gemessene Preis des Geldes) wird entsprechend sinken. Wird umgekehrt das Geldangebot, d. h. die Nachfrage nach Waren kleiner, so sinken die Warenpreise und der Preis (also die Kaufkraft) des Geldes steigt.

Das Verhältnis von Angebot und Nachfrage bestimmt also immer den Preis.

Dieselbe Wirkung hat natürlich auch eine Veränderung im Angebot von Waren, d. h. die aus dem Warenangebot bestehende Nachfrage nach Geld. Schrumpfen aus irgendeinem Grunde (z. B. durch Krieg, Spekulationsmanöver und dergl.) die Warenbestände oder das Angebot derselben zusammen, während das Geldangebot unverändert bleibt oder gar vergrößert wird, so steigen demgemäß die Warenpreise, während der Geldpreis sinkt, d. h., man erhält also für eine bestimmte Warenmenge eine größere Geldsumme als bisher. Sind aber Angebot und Nachfrage auf beiden Seiten dauernd gleich, so ergeben sich aus diesem festen Verhältnis auch feste Preise, worauf ja die Währung hinzielt.

Ein dauernd festes Verhältnis zwischen Angebot und Nachfrage ist also die Voraussetzung jeder zuverlässigen, wirklichen Währung, d. h. die Preise sollen „währen". Und die Vorbedingung für dies dauernd feste Verhältnis bestände wiederum in dem volkswirtschaftlichen Gleichgewicht zwischen Ware und Geld, also in einem gleichgroßen und gleichstarken Angebotsdrang dieser beiden Faktoren. Wird dies Gleichgewicht gestört, d. h. ist einer der beiden Faktoren in der Lage, sein Angebot oder die Nachfrage gegenüber dem anderen Faktor einzuschränken oder zu verweigern (z. B. das Geld die Nachfrage nach Ware), so stockt der Warenaustausch und weiterhin auch die Produktion. Je nach Dauer und Umfang solcher Stockungen wird dadurch unter Umständen die ganze Volkswirtschaft in Mitleidenschaft gezogen und stillgelegt (Krise).

Nicht in der Stockung, in der Zurückhaltung und der Anhäufung, auf einer oder der anderen Seite, liegt aber das Heil der Arbeit und der Volkswirtschaft, sondern im allseitigen Angebot und allseitiger Nachfrage — im glatten Austausch — in der Zirkulation! Es verhält sich damit, wie mit dem Kreislauf des Blutes:

Die Zirkulation ist Gesundheit und Leben; —

die Stockung aber Krankheit und Tod.

Da die Waren und Leistungen sich nicht unmittelbar austauschen lassen, sondern dazu der Vermittlung des Geldes bedürfen, so stehen sich, wie ich bereits andeutete, auf dem „Markt", d. h. beim Austausch (Kauf und Verkauf, Handel, Arbeitsmarkt usw.) zunächst immer W a r e (A r b e i t) u n d G e l d a l s A n g e b o t u n d N a c h f r a g e gegenüber. Und zwar vertritt — wie wir noch deutlich sehen werden — Ware und Arbeit notgedrungen stets in stärkerem Maße das Angebot, als es etwa das Geld resp. die Besitzer ersparter Geldüberschüsse (Banken, Börsen, Kaufleute und sonstige Kapitalisten) tun.

Daß sich dies während des Krieges umgekehrt verhält, ändert nichts an der jahrtausend-alten Regel. Und daß es uns als ganz unerhört und ungewöhnlich auffällt, beweist nur, wie sehr wir an die Regel gewöhnt sind, daß das Angebot von Waren und Arbeitskräften stets dringender und größer ist, als das Angebot von Geld.

Auch das Geld bietet sich zwar an, indem es seinerseits Nachfrage nach Waren und Arbeitskräften hält, soweit dies die persönlichen Bedürfnisse der Geldbesitzer erfordern. Aber ein v o l k s w i r t s c h a f t l i c h e s Geldangebot, d. h. ein Geldangebot, welches nicht nur auf den unmittelbaren Bedürfnissen der Konsumenten beruht, sondern aus dem Umlauf und der Anlage e r s p a r t e r U e b e r s c h ü s s e besteht, findet überhaupt nur unter ganz bestimmten Bedingungen statt.

Warum dies so ist — und welcher Art die Bedingungen sind, von deren Erfüllung das Geld seinen Umlauf — und somit die volkswirtschaftliche Nachfrage nach Arbeitsprodukten und Arbeitskräften abhängig macht, soll im Folgenden klar und deutlich gezeigt werden.

VI.
Die Ausnahmestellung des Geldes in der Volkswirtschaft

Alle Waren, Produkte und Arbeitsleistungen unterliegen naturgemäß einem A n g e b o t s - Z w a n g e , also dem natürlichen Gesetze des Austausches, dem sie sich wohl gelegentlich auf kurze Zeit — nie aber dauernd entziehen können. Die Waren und alle sonstigen Produkte der menschlichen Arbeit verderben, veralten, bedürfen fortwährend allerlei weiterer Aufwendungen und müssen daher zur Vermeidung von Verlusten und Unkosten aller Art seitens ihrer Besitzer beständig dem Markt, dem Austausch gegen Geld, zur Verfügung gestellt werden. Ebenso muß jeder Arbeiter, gleichviel, ob er mit der Hand oder mit dem Gehirn arbeitet, seine Arbeitskraft und seine Leistungen täglich und stündlich anbieten; wer das nicht tut, erleidet einen entsprechenden Verlust.

Nicht so das Geld!

Das Geld besitzt, im Gegensatz zu allen anderen Gütern, mit denen es in Austausch zu treten, resp. deren Austausch es zu vermitteln hat, gewisse Vorzüge, die seinem volkswirtschaftlichen Umlauf und damit seinem Angebot geradezu e n t g e g e n - w i r k e n , hat man doch sogar versucht, durch Gesetz dem Gelde eine a b s o l u t e U n v e r ä n d e r l i c h k e i t zu verleihen, indem man einen immer gleichbleibenden Nennbetrag für jede Geldart festsetzte, und zwar beim Metall durch den Prägestempel, beim Papiergeld durch die lithographische Aufschrift.

Die Absicht, Münzen und Zetteln durch diesen Aufdruck (20, 100 oder 1000 Mark) gewissermaßen einen unveränderlichen „Wert" zu verleihen, gelingt freilich den Zentral-Geldinstituten (auch unserer Reichsbank) bis auf den heutigen Tag nicht; ihnen allen fehlt die wissenschaftliche Grundlage für eine wirkliche zielbewußte Währungspolitik. Es nutzt auch nichts, daß man den Preis des G o l d e s gesetzlich auf 2790 M. per kg festgesetzt hat, denn dieser Preis ist ja ebenfalls rein nominell und je nachdem sich die Warenpreise verändern, sind 2790 M. von heute etwas anderes als 2790 M vor einem oder vor fünf Jahren waren, d. h ihre .Kaufkraft" ist ganz verschieden. E i n e n „ f e s t e n i n n e r e n W e r t " gibt es eben nicht, sondern immer nur das relative Verhältnis, welches sich beim Gelde in seiner „Kaufkraft" oder richtiger, in seinem Preise den Waren gegenüber, ausdrückt. Will man aber die sogenannte Kaufkraft des Geldes (also sein Tauschverhältnis zu den Waren) kontrollieren, so muß man sie an der für eine bestimmte Geldsumme käuflichen Warenmenge messen. Man kann dann den „Preis" des Geldes mit Bezug auf die Ware — oder den Preis der Ware mit Bezug auf das Geld — als „hoch", „niedrig" oder „unverändert" bezeichnen. Die „Währung" hätte also in einem u n v e r ä n d e r l i c h e n T a u s c h v e r h ä l t n i s zwischen Geld und Ware zu bestehen; alles andere ist Unsinn.

Da nun aber mangels einer sicheren Währung die Preise allgemein schwanken, so ist auch der „Preis" des Geldes schwankend: Sinken die Warenpreise, so ist das Geld „teuer", d. h. man muß viel Ware für wenig Geld hergeben; wird das Geld „billig", so braucht mau nur wenig Waren für viel Geld zu geben, d. h. die Waren sind dann teuer und der „Preis" des Geldes gesunken. Die Inschriften unserer Münzen und Banknoten sind also im Sinne einer wirklichen Währung rein nominell, von Unveränderlichkeit, von Währung keine Spur, — trotz des goldenen Fundaments.

Obwohl es nicht gelungen ist, vom Gelde alle Einflüsse des Marktes fern zu halten, so ist es doch dem Zahn der Zeit z. B. völlig entrückt und hat auch sonst noch soviel Vorzüge, daß von einem v o l k s w i r t s c h a f t l i c h e n Angebotszwange beim Geld keine Rede sein kann.[8] Es läßt sich selbst in großen Mengen leicht transportieren und aufbewahren, es verdirbt nicht, wird nicht unmodern, rostet nicht, braucht keine groben Lagerräume usw.

Der Kriegsschatz von 120 Millionen im Juliusturm bei Spandau blieb 40 Jahre unangetastet. Ein entsprechender Schatz in Weizen, Wolle oder Leder wäre längst im Gemüll zerfallen.

Außerdem behält das Geld auch eine immergleiche gesetzliche Z a h l k r a f t (nicht zu verwechseln mit Kaufkraft), d. h.,

---

[8] Ich erinnere hier daran. daß es sich beim „volkswirtschaftlichen Geldangebot" nicht um das für den täglichen Verbrauch bestimmte Geld der Konsumenten handelt, sondern um die kaufmännisch und kapitalistisch angelegten Geldüberschüsse und Ersparnisse (Großkapital), von deren volkswirtschaftlicher Zirkulation es aber abhängt, ob die Taschen all der kleinen Konsumenten leer oder gefüllt sind. Auch hier — wie überall in der Welt — beherrscht das Große das Kleinere, der grolle Geldumlauf der Kapitalisten den kleineren der Arbeiter und Konsumenten.

man kann jede eingegangene Verbindlichkeit (Schulden, Pacht, Miete, Gehalt, Wechsel, Hypotheken usw.), die z. B. laut schriftlicher Vereinbarung 1000 M. nominell beträgt, auch mit der nominellen Geldsumme (also mit 1000 Mark in Gold oder Papier) selbst nach langer Zeit „bezahlen", was man mit einem entsprechenden Quantum aufgespeicherter Waren nicht könnte.

Schwankt also zwar die „Kaufkraft" des Geldes den Waren gegenüber, so bleibt doch seine „Zahlkraft" eingegangenen Verbindlichkeiten gegenüber „ f e s t " , ein Umstand, der wohl zu der Selbsttäuschung einer tatsächlichen Währung geführt haben mag. In Wirklichkeit kann — wie bereits nachgewiesen wurde — sowohl für den Gläubiger als für den Schuldner, je nach der Marktlage ein Vorteil oder ein Nachteil dabei eintreten, t r o t z d e r n o m i n e l l f e s t g e l e g t e n g e s e t z l i c h e n Z a h l k r a f t d e s G e l d e s , weil ja die „Kaufkraft", d. h., das Preisverhältnis des Geldes zur Ware oder umgekehrt — das der Waren zum Golde — durch diese gesetzliche „Zahlkraft" gar nicht berührt wird.

Wenn man aber den Umstand, daß auch der Preis des Geldes im Hinblick auf die jeweils dafür erhältliche Warenmenge schwankt, zu dem Einwand benutzen will, daß das Geld demnach denselben Nachteilen ausgesetzt sei wie die Waren, so wäre dies durchaus unzutreffend. Die Waren unterliegen ja a u ß e r d e m — wie bereits erwähnt — einem Zersetzungsprozeß, der durchaus nicht schwankt, sondern ständig — bis zur völligen Auflosung der Ware — fortschreitet. Für diesen Zersetzungsprozeß gibt es keinen Ausgleich; keinerlei Konjunkturmöglichkeit gibt dem Warenbesitzer eine Entschädigung für den Verlust, der ihm aus d i e s e m Grunde beständig erwachsen und ihn zum Bettler machen würde, wenn er die Warenvorräte etwa ebenso dauernd vom Angebot zurückhalten wollte, wie dies mit ersparten Geldvorräten möglich ist.

Wer das Geld in der Hand hat, weiß immer, daß er damit jederzeit seinen Verbindlichkeiten in voller Höhe des nominellen Geldbetrages, der ihm zur Verfugung stellt, nachkommen kann. Er ist gegenüber dem Warenbesitzer, der seine Waren erst zu Geld machen muß, und nicht weiß, w a n n u n d z u w e l c h e m P r e i s e ihm dies gelingen wird, ganz entschieden im Vorteil. Geld ausgeben kann bekanntlich jeder Dummkopf, nicht aber Geld erwerben.

Obwohl also auch das Geld den Einflüssen des Marktes unterliegt und sein Preis schwankt, was auf einer Veränderung seiner M e n g e , seiner U m l a u f s g e s c h w i n d i g k e i t , wie auch auf vermehrtem oder vermindertem Warenangebot beruhen kann, ist die Möglichkeit von N a c h t e i l e n u n d V e r l u s t e n jedoch für den Geldinhaber nie so groß, wie für den Warenbesitzer.

Die aus einer etwaigen „Entwertung", d. h. aus einem Preisfall des G e l d e s hervorgehenden Verluste können nie bis zur gänzlichen Vernichtung des Besitzes führen, was bei den Waren sehr wohl möglich ist, denn ihnen haftet eben infolge ihrer stofflichen Beschaffenheit die V e r d e r b l i c h k e i t , d. h. der natürliche Zersetzungsprozeß an, der beim Gelde nicht in Frage kommt.

Ein besonders wichtiger Vorzug des Geldes liegt aber in seiner a l l g e m e i n e n g e s e t z l i c h e n u n d v o l k s w i r t s c h a f t l i c h e n A n e r k e n n u n g a l s T a u s c h - u n d Z a h l m i t t e l , wodurch es — obwohl selbst ein Arbeitsprodukt, eine Ware — eben zu „ G e l d " wird. —

Im Gegensatz zur gewöhnlichen Ware, kann man mit der Ueberware „Geld" u n m i t t e l b a r , a l s o d i r e k t , alle anderen Waren und Leistungen eintauschen (kaufen), also sowohl Bedürfnisse befriedigen, als auch Verpflichtungen damit erfüllen, was mit keiner anderen Ware oder Leistung möglich ist. Biete ich z. B. zwecks Befriedigung meiner Bedürfnisse unter Umgehung des Geldes eine Arbeitsleistung oder Ware an, so wird es die Regel sein, daß der Besitzer derjenigen Dinge, die ich gerade nötig gebrauche, seinerseits durchaus keinen augenblicklichen oder keinen so großen Bedarf an den von mir angebotenen Waren oder Leistungen hat. Biete ich jedoch Geld an, so weiß mein Partner, daß er sich damit jederzeit alles beschaffen kann, dessen er seinerseits bedarf und er wird mir seine eigenen Waren gern und willig überlassen.

Das Geld ist also, wie wir gesehen haben, eine U n i - v e r s a l - W a r e , und noch dazu eine solche von u n - b e g r e n z t e r D a u e r h a f t i g k e i t , für die es nie an

Abnehmern fehlt, was zur Folge hat, daß es nicht über den unmittelbaren persönlichen Warenverbrauch seines Besitzers hinaus, angeboten zu werden braucht. Der natürliche A n g e b o t s - z w a n g , dem die Waren unterliegen, weil man sie nicht beliebig lange aufspeichern kann, fehlt dem Gelde, und damit fehlt auch die volkswirtschaftliche Voraussetzung für einen g l a t t e n Austausch von Geld und Waren, a l s o f ü r d a s v o l k s - w i r t s c h a f t l i c h e G l e i c h g e w i c h t z w i - s c h e n A n g e b o t u n d N a c h t r a g e . Auf diese Weise ist es erklärlich, daß das Angebot von Waren und Arbeitsleistungen immer stärker und dringender ist, als das Angebot von Geld.[9]

Mit unserem herkömmlichen Gelde, welches den Waren gegenüber infolge seiner Vorzüge mit einem erdrückenden Uebergewicht ausgestattet ist, läßt sich weder eine gesicherte Währung noch ein dauerndes Gleichgewicht zwischen Angebot und Nachfrage erzielen; der dem Gelde fehlende Angebotszwang (also seine Vorzüge) verhindern es, sich über den persönlichen Bedarf hinaus mit der gleichen Dringlichkeit anzubieten, wie Ware und Arbeit es allezeit tun müssen.

VII.

Das Geld als Ur-Kapital

Die Ausnahmestellung, die das Geld in der Volkswirtschaft einnimmt, stört das Gleichgewicht zwischen Angebot und Nachfrage, bewirkt die Preis- und Konjunkturschwankungen, stößt die Währung um und bringt „Mein" und „Dein" zwischen Gläubigern und Schuldnern durcheinander.

---

[9] Das private oder persönliche Geldangebot kann freilich unter Umständen ebenso dringlich oder sogar dringender sein, als das von Ware. Dieses private Geldangebot hat aber gar nichts mit dem volkswirtschaftlichen (also kapitalistischen) Geldangebot zu tun und hängt lediglich von den augenblicklichen persönlichen Bedürfnissen des Geldinhabers ab. Je nachdem aber, ob das volkswirtschaftliche Geldangebot groß oder klein, schwach oder dringend ist, je nachdem wird sich auch der einzelne Geldbesitzer (Konsument) sehr bald, sowohl mit seinem persönlichen Geldangebot, als auch mit seinen Bedürfnissen, einrichten müssen.

Aber es beruht auf derselben Ursache auch noch eine viel gewaltigere Erscheinung, die für die Volkswirtschaft von entscheidender und grundlegender Bedeutung ist: nämlich die **Kapitaleigenschaft des Geldes,** die sich — wie wir weiter sehen werden — auch auf alle anderen volkswirtschaftlichen Güter (Waren, Produktionsmittel, Häuser, Transportmittel usw.) überträgt.

Schon Ferdinand Lassalle nannte das Geld sehr treffend das „Capital par excellence", während wir es als das „Ur-Kapital" bezeichnen.

Das Geld — soweit es nicht der Befriedigung der unmittelbaren, persönlichen Bedürfnisse seiner Besitzer dient — kann „warten"; kann warten ohne Schaden zu leiden, bis die dadurch hervorgerufene Stockung des Güteraustausches und der Produktion die Warenbesitzer (Kaufleute, Unternehmer, Fabrikanten) betreffs weiterer Produktion zurückhaltend — und die Produzenten betreffs ihrer Lohnforderungen nachgiebig und „bescheiden" macht. Und je länger dies „Warten" andauert, je günstiger gestaltet sich die Position des Wartenden; desto ungünstiger aber die desjenigen, der es eilig hat und nicht „warten" kann. Mit anderen Worten: Im praktischen Leben hat der Besitzer von ersparten, überschüssigen, also n i c h t für seinen persönlichen Verbrauch bestimmten Geldmitteln, gegenüber dem Besitzer von Waren (die ja auch nicht dem persönlichen Verbrauch ihres Besitzers dienen), immer den längeren Atem.

Da also der Geldbesitz dem Warenbesitz überlegen ist, so hat er dadurch auch die Waren p r o d u z e n t e n (Arbeiter, Angestellte usw.) in seiner Gewalt, die natürlich nur Arbeit finden, wenn die Kaufleute, Unternehmer und Fabrikanten es nicht für geboten erachten, mit ihren Aufträgen und Unternehmungen ebenfalls zu „warten" und die Produktion einzuschränken oder aufzugeben.

Und weil dies so ist, verlangt das Geld, welches sich aus den Ersparnissen des ganzen Volkes in den Händen der Sparkassen und Banken oder durch den Handel in den Händen der Kaufleute und Kapitalisten ansammelt, eine Extra-Entschädigung dafür, daß es nicht „wartet", sondern

sich gnädig der Volkswirtschaft zur
Verfügung stellt und sich nicht etwa
infolge privater „Schatzbildung" einfach gänzlich aus dem Verkehr zurück-
zieht. Man stelle sich demgegenüber einmal eine Schatzbildung[9])
in Arbeitskraft oder doch wenigstens in Waren vor, etwa aus
Kartoffeln, Mehl, Fleisch, Kleidern, Geräten oder sonstigen
Arbeitsprodukten bestehend. Die einen würden binnen Jahresfrist
restlos oder doch teilweise verdorben sein, die andern viel Spesen,
Lagerkosten usw. verursachen, unbrauchbar und unmodern, von
Rost, Motten, Ratten, Dieben und Fäulnis gefressen werden oder
nutzlos zerfallen. Selbst größere Vorräte von Rohstoffen können
höchstens in Einzelfällen und vorübergehend (etwa zu
Handels- oder Spekulationszwecken), also nicht als „Schatz" an-
gelegt werden. Man bedenke schon nur die Räumlichkeiten, Be-
handlung, Risiko im Preise, Absatzmöglichkeit usw. Wie bequem,
sicher, und jederzeit verfügbar ist da doch bares
Geld, gegenüber solchem Ballast. Nicht umsonst heißt es: „Bares
Geld lacht."

Es war ein Fehler, das Tauschmittel (Geld) begehrenswerter
zu gestalten als alle die Dinge sind, deren Austausch es doch dienen
soll. Die Folge kann doch nur sein, daß jeder danach strebt, alles in
Geld oder Geldforderungen umzuwandeln, und möglichst viel von
diesem, für die Volkswirtschaft doch unentbehrlichen Tauschmittel
in seinen Besitz zu bringen. Dies bedeutet aber im praktischen
Leben, daß ein Jeder seinerseits zwar
möglichst viel verkaufen, aber möglichst wenig kaufen (also Geld „er-
sparen") will. Es wird immer das Bestreben bestehen,
das gesamte eigene Arbeitsprodukt oder den gesamten eigenen
Warenbestand zu verkaufen, dagegen nur einen Teil des
Gelderlöses für die Arbeitsprodukte und Leistungen der anderen
auszugeben, oder kurz: für 100) zu verkaufen, aber nur für 50 zu

---

[9]) Ein „Schatz" unterscheidet sich von anderem Besitz dadurch, daß er
nicht dem gegenwärtigen Verbrauch dient und auch nicht dem volkswirtschaftlichen Angebot unterliegt, sondern lediglich auf unbestimmte, zu-
künftige Zeit aufbewahrt wird. Ein Haus, welches der Besitzer selbst bewohnt oder an andere vermietet, ist also kein „Schatz".

kaufen. Auf diese Weise würde das Angebot von Waren und Arbeitsleistungen, in Zahlen ausgedrückt, stets 100), das Geldangebot (also die Nachfrage) jedoch nur 50 oder noch weniger betragen, wenn die ersparten Gelder nicht auf irgend eine Weise wieder in Umlauf gesetzt werden.

Dieses Mißverhältnis zwischen Geldangebot und Warenangebot würde aber bewirken, daß die das Geldangebot übersteigenden Waren entweder unverkäuflich sind, oder mit Schaden verkauft werden müssen oder aber in Zukunft erst gar nicht produziert werden dürfen.

Das Geld kann also dadurch, daß es sein volkswirtschaftliches Angebot zurückhält, sowohl den Handel als auch die Produktion unterbinden und hätte somit die Macht, die ganze Volkswirtschaft zu erdrosseln, die Existenz von Millionen Menschen unmöglich zu machen.

Angesichts dieser Macht des Geldes gibt es für die Volkswirtschaft außer der Rückkehr zum Tauschhandel nur den Ausweg, das ersparte Geld durch die vorhin erwähnte „Extra-Entschädigung" wieder in den Verkehr zu locken.

Und diese „Extra-Entschädigung", dieser regelrechte Tribut, den das Geld als Bedingung dafür stellt, daß es überhaupt, über den persönlichen Verbrauch seiner jeweiligen Besitzer hinaus, umläuft, — also nach den. für S p a r z w e c k e und als Schatzmittel qualitativ immer „minderwertigen" Waren und sonstigen Gütern Nachfrage hält, ihre Herstellung erlaubt und ihren Austausch auf dem Wege des Handels vermittelt, ist der Zins.

Die Ware nehmen alle nur vorübergehend in Besitz; seinen d a u e r n d e n Besitz, soweit er die direkten persönlichen Bedürfnisse übersteigt, sucht jeder in Geld oder — da dies nicht gut möglich ist — doch wenigstens in Geldforderungen anzulegen.

Wer aber erspartes Geld aus der Hand gibt, indem er es verleiht, es in die Industrie, den Handel, in Bauten oder sonstige Unternehmungen steckt, tut dies nur unter der Bedingung einer sicheren und regelmäßigen Verzinsung.

Der Zins ist die Voraussetzung für den gesamten volkswirtschaftlichen, also heute „kapitalistischen" Geldumlauf.

Und von diesem großen Geldumlauf billigt wiederum — wie bereits erwähnt — auch der kleine Geldumlauf der einzelnen Produzenten und Konsumenten ab, d. h., ob alle die Millionen von Arbeitern, Handwerkern, Beamten, Unternehmern, Landwirten, Wissenschaftlern usw., Arbeit und Verdienst finden oder nicht.

„Keinen Zins — kein Geld", heißt es bei den Geldbesitzern und Geld-Beherrschern im ganzen weltumspannenden Bereich des modernen Kapitalismus.

„Kein Geld — keine Nachfrage — kein Absatz — kein Handel — keine Aufträge — keine Produktion — keine Arbeitsgelegenheit", — bedeutet dies für die Volkswirtschaft.

Also Arbeitslosigkeit, Hunger, Bankerott, Not, Entvölkerung, wären die Folgen einer Verweigerung des volkswirtschaftlichen Geldumlaufes. Und daß die Beschaffenheit des Geldes seinen Besitzern und Beherrschern eine derartige, willkürliche Verweigerung ermöglicht, daß seine Beschaffenheit es zum Spar- und Schatzmittel geeigneter macht, als die Waren und alle sonstigen Arbeitsprodukte es sind, darauf beruht die Uebermacht des Geldes in der Volkswirtschaft und somit seine „Kapital-Eigenschaft". Und weil das Geld diese seine Eigenschaft auf alle anderen volkswirtschaftlichen Güter überträgt, weil es die Ursache ist, daß auch sie Zins abwerfen und somit „Kapital" sind, bezeichnen wir das Geld als das Ur-Kapital.[10]

VIII.
Die Arbeitsprodukte als Real-Kapital

Ein „Kapital" ist ein zinstragendes Gut. Und wir haben bisher immer betont, daß das Geld nur infolge gewisser Vorzüge, die es den Waren und allen anderen Arbeitsprodukten gegenüber besitzt, ein solches zinstragendes Gut — also Kapital ist.

---

[10] „Kapital" bedeutet „Hauptstück", im Hinblick auf den Zins, der das „Nebenstück" darstellt.

Demgegenüber erscheint es zunächst sehr merkwürdig, daß aber nicht nur das Geld, sondern auch alle anderen Arbeitsprodukte — (also Hauser, Schiffe, Waren, Produktionsmittel usw.) — soweit sie nicht dem direkten persönlichen Verbrauch des Eigentümers dienen — ebenfalls Zins abwerfen, also Kapital sind. Und da dies Kapital — im Gegensatz zum Geldkapital — aus sog. „realen" d. h. w i r k l i c h e n Wirtschaftsgütern besteht, wird es als „Real-Kapital" bezeichnet.

Auf den ersten Blick scheint hier ein Widerspruch vorzu-liegen, denn wenn die Arbeitsprodukte gleichfalls Zins abwerfen —, sei es im Handel als Waren, sei es in Form von Häusern, Produktionsmitteln usw., so hat es allerdings den Anschein, als träfe unsere Behauptung von der Uebermacht des Geldes nicht zu.

Dieser scheinbare Widerspruch löst sich aber auf folgende, bereits angedeutete Weise:

D i e   z i n s t r a g e n d e   E i g e n s c h a f t   d e s   R e a l - K a p i t a l s ,   a l s o   d e r   W a r e n   u n d   s o n s t i g e r   A r b e i t s p r o d u k t e   (a u c h   H ä u s e r   u n d   F a b r i k e n   s i n d   s o l c h e)   b e -   r u h t   d a r a u f ,   d a ß   d i e s e l b e n   n u r   m i t   E i n w i l l i g u n g   d e s   G e l d k a p i t a l s ,   u n t e r   d e r   B e d i n g u n g   d e r   V e r z i n s u n g ,   e n t -   s t e h e n   k ö n n e n .

Kein Geldbesitzer (Kapitalist) steckt sein Geld in die Warenproduktion, in den Häuserbau, in die Einrichtung von Fabriken oder irgendwelcher Betriebe, wenn es sich nicht verzinsen würde; er würde es sonst lieber „einschließen", also zur „Schatz-bildung" greifen, wie Karl Marx sehr richtig sagt. Die Beschaffen-heit des bisherigen Geldes ermöglicht dies ja.

Man könnte hier einwenden, daß kleinere Kapitalisten ihr Geld deshalb in eigenen Unternehmungen anlegen, um sich selbst eine Arbeitsgelegenheit, eine selbstständige Existenz, zu schaffen.

Dies beweist aber nur, daß infolge der Zinsrate ihres Unternehmens ihr Einkommen größer ist, als es b e i   g l e i c h e n   A r b e i t s -   l e i s t u n g e n in einer unselbstständigen Stellung als Lohnarbeiter sein würde. Auch hier ist also der Zins die Ursache der Kapitalanlage.

Infolgedessen gestattet das Geldkapital immer nur die Ent-stehung von Waren, Produktionsmitteln, Häusern usw. bis zu einem

Grade, daß nicht etwa durch allzugroßes Angebot die übliche Verzinsung in Frage gestellt wird, sei es durch Verbilligung der Preise, sei es durch die infolge starker Nachfrage nach Arbeitskräften eintretende Lohnsteigerung der Produzenten. Sobald auch nur die M ö g l i c h k e i t einer solchen Gefährdung des Zinses (der sogenannten Rentabilität) vorliegt, streikt das Geld, verlangsamt oder verringert es seinen Umlauf und damit die Nachfrage nach Waren, Arbeitsprodukten und Arbeitskräften (Krise).

Erst wenn durch diese Unterbrechung der Produktion ein Mangel an Wohnungen, Waren oder sonstigen Gütern fühlbar wird, wenn ihr Zins zu steigen beginnt, ist die Zeit gekommen, wo der Kapitalist sein Geld wieder für den Bau von Häusern, Fabriken usw. hergibt.

Wir sehen also, daß die zinstragende, d. h. die „Kapital"-Eigenschaft, sich nur als Folge willkürlicher Geldsperre vom Gelde auf das Real-Kapital (Waren und Arbeitsprodukte) ü b e r - t r ä g t , daß letztere also sozusagen nur die Büttel des Geldes sind, die den Zinstribut zwar erheben, jedoch nicht aus eigener Machtvollkommenheit, sondern nur mit Ermächtigung des Ur-Kapitals (des Geldes), in seinem Auftrage und für seine Rechnung. Das Geld hat dadurch nur seine Zirkulationsbahn und damit sowohl seinen Machtbereich als auch sein Zinsgebiet erweitert, im übrigen bleibt seine Macht auch dem sogen. „Real-Kapital" gegenüber unvermindert bestehen.

Der Zins der Dinge, die man als Real-Kapital bezeichnet, beruht nur auf der Macht des Geldes, die ihnen die V o r - b e d i n g u n g für die Verzinsung schafft. Dieser Zins fällt deshalb immer an das Geld, resp. an den Geldgeber zurück; er ist demnach überhaupt nur e i n G e l d z i n s , d e r m i t H i l f e r e a l e r G ü t e r e r h o b e n w i r d .

Diese Güter selbst sind an sich nur Arbeitsprodukte wie alle anderen und könnten, da sie beliebig vermehrbar sind, aus eigener Kraft keinen Zins erheben.

Alle Arbeitsprodukte (Produktionsmittel, Häuser, Maschinen, Waren usw., kurz das gesamte, sogenannte Realkapital) unterliegen nämlich, ähnlich wie die Arbeitskraft, dem ununterbrochenen Angebotszwange, s o b a l d s i e e i n m a l d a s i n d , weil sie sonst ungenutzt zerfallen, verderben; sie könnten ihr Angebot nicht n a c h t r ä g l i c h von der Verzinsung abhängig machen,) sind also an sich nicht „Kapital". Darum wacht das Ur-Kapital (Geld), das sie ins Leben ruft, über sie, wie eine Mutter über ihre Kinder, damit sie sich nicht „gemein" machen[11] und sich nicht etwa infolge ungehinderter Vermehrung dem besitzlosen „Pöbel", den Proletariern, den Nichtkapitalisten aller Art umsonst, d. h. ohne Zinstribut (Mehrwert) zur Verfügung zu stellen brauchen.

Die Sicherung seiner Zinsansprüche veranlaßt das Geldkapital also gleichsam zu einem „Gebärstreik" hinsichtlich des Realkapitals; es hat die unsinnige, unnatürliche Tendenz, die Güterproduktion dauernd in gewissem Grade e i n z u - s c h r ä n k e n , also gleichsam eine „chronische Krise" aufrecht zu erhalten, die sich immer bis zur „akuten" Krise entwickelt, sobald es geboten erscheint, die Einschränkung zur Sicherung des Zinses zu verschärfen.

Auf diese Weise ist es dem Ur-Kapital (dem Gelde) möglich, alle Produktionsmittel, Häuser, Betriebe aller Art, Waren usw. dauernd in dem Zustand von zinstragendem Kapital zu erhalten.

Während nach den Erklärungen der bisherigen Theoretiker das Kapital aus greifbaren Dingen, aus Sachgütern besteht, die vermöge ihrer e i g e n e n Beschaffenheit Kapital sind, erblicken wir im „Kapital" lediglich eine Eigenschaft, die auf einem, durch das herkömmliche Geld geschaffenen, volkswirtschaftlichen Zustand beruht.

Karl Marx erkannte allerdings bereits, daß der „Mehrwert" keineswegs durch die Sachgüter („konstantes Kapital") entsteht, sonders er verlegte die Quelle des Mehrwertes in den „in Arbeitskraft umgesetzten" („variablen") Teil des Kapitals, aber immerhin in den Produktionsprozeß.

---

[11] Infolge des Krieges bleibt die Produktion und das Angebot mancher Waren ohnehin hinter der Nachfrage zurück und zwar in b e - d e u t e n d h ö h e r e m Grade, als dies sonst durch willkürliche Einschränkung des Geldumlaufes im Interesse der Verzinsung nötig ist. Demgemäß können d i e s e Waren (z. B. Lebensmittel, Textil-Erzeugnisse u. dergl.) w ä h r e n d d e s K r i e g e s ihr Angebot nicht nur von der Verzinsung, sondern sogar auch noch von einer entsprechenden Preissteigerung abhängig machen, o h n e daß es der erwähnten Einschränkung ihrer Produktion durch verminderten Geldumlauf bedarf.

Wir haben jedoch bereits gesehen. daß der Mehrwert (Kapitalzins) in der Zirkulation, also im Güteraustausch entsteht, genau gesagt, infolge der B e h i n d e r u n g dieser Zirkulation durch das Geld.

Nur das Geld ist vermöge seiner e i g e n e n Beschaffenheit Kapital, d. h. ein zinstragendes Gut; aber es schafft im Interesse seiner Verzinsung einen Zustand, durch den sich seine eigene Kapital-Eigenschaft auch auf alle anderen Wirtschaftsgüter übertragt und sie dadurch zu zinstragenden Gütern, d. h. zu Kapital macht. Und diesen Zustand, den wir als „Kapitalismus" bezeichnen, führt das Geld dadurch herbei, daß es eben die Entstehung solcher Wirtschaftsgüter planmäßig einschränkt, damit das Angebot immer soweit hinter der Nachfrage zurückbleibt, daß diese Güter nur unter der Bedingung des Zinsertrages zur Verfügung gestellt zu werden brauchen.

Die Produktionsmittel und alle sonstigen volkswirtschaftlichen Güter sind in diesem, durch das Geld geschaffenen und aufrecht erhaltenen „kapitalistischen" Zustande zwar Kapital, s i e b r a u c h e n   e s   a b e r   n i c h t   i m m e r   u n d   e w i g z u   s e i n. Sobald dem Ur-Kapital, also dem Gelde, seine Uebermacht, seine Vorzüge, genommen würden, verliert es nicht nur selbst die Fähigkeit des Zinsertrages, also seine Kapital-Eigenschaft, sondern mit ihm verliert dann auch das gesamte sogen. Realkapital seinen Kapital-Charakter. Dieses kann dann beliebig vermehrt werden und infolgedessen ebenfalls keinen Zins mehr erheben und hört ebenso wie das Geld auf, Kapital zu sein; statt des „Kapitals" haben wir dann einfach Wirtschaftsgüter.

D e r   g a n z e   „ K a p i t a l i s m u s "   i s t   d e m - n a c h   n i c h t s   w e i t e r ,   a l s   e i n   d u r c h   d a s ü b e r l i e f e r t e   G e l d w e s e n   g e s c h a f f e n e r v o l k s w i r t s c h a f t l i c h e r   Z u s t a n d ,   i n   w e l - c h e m   d a s   G e l d   —   u n d   d u r c h   d i e s e s a u c h   a l l e   a n d e r e n   W i r t s c h a f t s g ü t e r   — Z i n s   a b w e r f e n .

IX.
Der Kapitalzins als Vorbedingung des volks-
wirtschaftlichen Kredites und als Ursache der
Massenarmut.

Eine allgemeine Begleiterscheinung des modernen Kapitalismus, bildet die Armut greller Volksmassen, bei gleichzeitiger Aufhäufung riesiger Reichtumer in den Händen einzelner. Während die einen trotz aller Arbeit immer arm bleiben, vermehrt sich der Reichtum der anderen schließlich sogar ohne eigene Arbeit.

Nachdem es durch die Beschaffenheit des Geldes ermöglicht wurde, die Arbeit beim Austausch ihrer Produkte mit einem beständigen Tribut (Zins) zu belasten und es sich zur Sicherung dieses Tributes als zweckmäßig erwies, die Gütererzeugung außerdem willkürlich zu hemmen und zu beschränken, mußte sich die Massenarmut als notwendige Folge einstellen.

Aber diese Millionen Besitzloser können als Kulturmenschen nicht mehr wie Wilde leben. Bei Urwirtschaft, d. h. ohne Arbeitsteilung und ohne die hochentwickelte Technik, die riesiger „Kapitalanlagen" bedarf, würde zudem Europa kaum den zehnten Teil seiner heutigen Bevölkerung ernähren, und selbst dieser Bruchteil müßte — wie bereits erwähnt — ein kümmerliches Dasein führen.

Infolge der immerwährenden Unterbrechung und Einschränkung, die der volkswirtschaftliche Produktions- und Tauschprozeß durch das „Sparen" seit jeher erleidet, kann dieser Prozeß heute nur noch auf der Grundlage des Kredites stattfinden, den die „Sparer" (Geldbesitzer) der Volkswirtschaft gewähren, indem sie gegen Zins ihr erübrigtes Geld der Produktion und dem Güteraustausch zur Verfügung stellen.

Da aber einerseits kein Krösus so reich ist, daß er a l l e Dinge, die der Kulturmensch gebraucht, selbst besitzt, da ferner der größte Teil der Bevölkerung aller Kulturstaaten aus „Proletariern", d. h. Besitzlosen besteht, so beruht die ganze heutige Volkswirtschaft auf einem allgemeinen K r e d i t v e r h ä l t n i s .

D e m g e m ä ß t r i t t a u c h d e r Z i n s i n
a l l e n s e i n e n F o r m e n a l s e i n „ D a r l e h n s -
z i n s " i n d i e E r s c h e i n u n g , d . h . e s l i e g t
i h m i m m e r e i n p e r s ö n l i c h e s o d e r e i n
v o l k s w i r t s c h a f t l i c h e s K r e d i t v e r h ä l t n i s
z u g r u n d e .

Hat der einzelne Besitzende nicht a l l e s , so haben die
besitzlosen Proletarier überhaupt nichts weiter, als ihre beiden
Arme und notgedrungen den guten Willen zur Arbeit, um sich und
ihre Familien zu ernähren. Dazu gebrauchen sie aber — außer dem
Erdboden — sowohl Wohnhäuser als auch Produktionsmittel, d. h.
Fabriken, Verkehrsmittel, Maschinen, Rohstoffe, Bergwerke,
Arbeitstiere, Vieh, landwirtschaftliche Anlagen usw.

Alle diese Dinge sind aber, wie bereits nachgewiesen wurde,
unter der Herrschaft des herkömmlichen Geldwesens „Kapital".
Und alle, die kein eigenes Wohnhaus, keine eigenen Produktionsmittel besitzen, diese aber gebrauchen, weil sie als Kulturmenschen
nicht unter freiem Himmel wohnen, sich nicht mit ihren bloßen
zehn Fingern ernähren können, müssen sich dies „Kapital" daher
„leihen", indem sie die Wohnung in einem Hause, das ihnen nicht
gehört, „ m i e t e n " , indem sie „ A r b e i t s u c h e n " , um
mit Maschinen, Rostoffen usw., die ihnen nicht gehören, arbeiten
und sich ernähren zu dürfen, indem sie Waren k a u f e n , die
ihnen das Kapital des Kaufmanns zur Verfügung stellt. Die Besitzlosen müssen also ständig bei den Besitzenden „Kredit" nach-
suchen, Nachfrage nach „Kapital" halten. Aber auch die Besitzenden untereinander müssen ihre Kredite gegenseitig in Anspruch nehmen und sie sich gegenseitig verzinsen, weil eben
n i e m a n d im Besitze a l l e r Dinge ist (z. B. Schiffe, Bahnen
usw.), die der Kulturmensch gebraucht, oder weil das eigene
Kapital nicht ausreicht.

„Kapital — Kapital!" — Das ist der große volkswirtschaftliche Hunger der Kulturmenschheit!

Und das „Kapital" sorgt dafür, daß dieser Hunger nie gesättigt wird, denn sobald er wirklich gesättigt wäre, d. h. sobald das
Angebot von Kapital ebenso groß oder größer wäre, als die Nachfrage, hört das „Kapital" als solches auf, zu existieren. Wenn — um
es recht deutlich zu machen — neben jeder Fabrik eine zweite,
neben jeder Schiffswerft eine zweite, und dritte, neben jedem

Bergwerk, jedem Hause usw. je ein zweites entstehen würde, ohne
daß die Bevölkerung und ihre Nachfrage sich in gleichem Umfange
vermehrt hat, wo sollte da noch die übliche „Verzinsung" herausgewirtschaftet werden? Dies „Realkapital" könnte — wie sich noch
zeigen wird den bisherigen Zinstribut nicht mehr beanspruchen; es
müßte infolge seines vermehrten Angebotes schließlich seine
„Kredite", d. h. sich selbst, unentgeltlich zur Verfügung stellen,
also gegen bloße Abnutzungsentschädigung oder bloße Rückgabe
des geliehenen Gutes.

Der Ausgleich zwischen Angebot
und Nachfrage auf dem Kapitalmarkt
würde also zu „Zinsfreien Darlehen"
führen, oder wie V. J. Proudhon es
nannte und erstrebte, zur „Unentgeltlichkeit des Kredites".

Es ist ein Irrtum, wenn Karl Marx und durch ihn die meisten
Sozialisten der Ansicht sind, daß das Privateigentum des
Kapitalisten an den Produktionsmitteln diese zu Ausbeutungs-
Instrumenten gegenüber den Arbeitern mache. Was wohl auf den
Grund und Boden zutrifft, ist beim „Kapital" durchaus un-
zutreffend.

Das mit dem Privateigentum an Grund und Boden verbundene
arbeitslose Einkommen — also die Grundrente — beruht sowohl auf
natürlichen Vorzügen einer Bodenfläche, wie auch auf der Be-
völkerungsdichtigkeit und der allgemeinen kulturellen und wirtschaftlichen Entwickelung. Es kann sich deshalb bei der Grundrente nie
darum handeln, sie — wie den Kapitalzins — zu beseitigen, sondern
immer nur darum, sie so zu verteilen, daß sie der ganzen Bevölkerung
gleichmäßig zugute kommt. Die „Ausbeutung" liegt hier nicht
im Vorhandensein der Grundrente, sondern
darin, daß sie immer nur den jeweiligen Eigentümern des Erdbodens
zufällt und nicht der Allgemeinheit, die sie doch erzeugt und auch das
gleiche Anrecht auf die natürlichen Vorzüge des Bodens hat.

Mit Bezug auf den Grund und Boden ist also das Privateigentum
insofern die Ursache der Ausbeutung, als es einer gerechten Verteilung
der Grundrente im Wege steht Ganz anders verhält es sich dagegen mit
dem aus Arbeitsprodukten bestehenden Kapital.

Nicht das Privateigentum, sondern
das Mißverhältnis zwischen Angebot

und Nachfrage macht die Produktionsmittel zu Ausbeutungsinstrumenten,
also zu „Kapital". Sobald das Geldkapital es gestatten
würde, ließe sich das gesamte Realkapital beliebig vermehren, bis
das bestehende Mißverhältnis ausgeglichen wäre. Und da ein Ausgleich von Nachfrage und Angebot auf dem Kapitalmarkt zur
„Unentgeltlichkeit des Kredites" führt, so
könnte dann trotz des fortbestehenden Privateigentums kein
Kapitalist die Arbeiter „ausbeuten"; sein „Kapital" würde sich nicht
mehr „rentieren", denn er müßte den Arbeitern seine Fabrik, seine
Maschinen usw. unentgeltlich, d. h. nur
gegen Erstattung der Abnutzung, zum
Gebrauch überlassen.

Aber gerade auf den Zinstribut, auf dies mühe- und
arbeitslose Einkommen hat es ja der Kapitalist abgesehen: D e r
Zins ist nicht nur der Zweck jeder
Kapitalanlage, sondern auch die
Voraussetzung des volkswirtschaftlichen Kredites. Demgemäß sorgt das Ur-Kapital
(Geld) dafür, daß sich auf dem Kapitalmarkt Angebot und Nachfrage nie ausgleichen, sondern daß die Nachfrage nach Kapital stets
größer ist, als das Angebot. Daher kommt es z. B. auch, daß die
Betriebe und Arbeitsgelegenheiten nie ausreichen, um alle, die
arbeiten wollen, vollauf zu beschäftigen. Es muß also immer eine
„Arbeitslosen-Reservearmee" vorhanden sein, damit nicht infolge
von Knappheit an Arbeitern die Löhne so hoch steigen, daß
dadurch der Zins („Mehrwert") gefährdet und das Real-Kapital in
die Zwangslage versetzt werden könnte, seine Kredite unentgeltlich
gewähren zu müssen.

Die besitzlosen Arbeiter müssen also (im Hinblick auf die
mit Zins belastete Lebenshaltung) durch eine beständige Unter-
Entlöhnung den Zinstribut für alle Produktionsmittel und sonstigen
Kapitalanlagen aufbringen, die sie nur „leihweise" benutzen. Ihr
Lohn als Produzenten ist immer so bemessen, daß der Preis, den sie
und auch alle anderen Konsumenten zu zahlen haben, die übliche
Zinsrate für alles Kapital verbürgt, welches von der Entstehung des
Produktes an, bis zu seinem endgültigen Konsum durch den Ver-
braucher, beteiligt war. Die Arbeiter erhalten also immer so viel

Lohn zu wenig, wie die Verzinsung des gesamten Kapitals aus-
macht, dessen sie zur Arbeit und bei ihrer Lebenshaltung bedürfen.

Aber auch alle anderen Erwerbsklassen, die in irgendeiner
Form „Kapital" benutzen, das ihnen nicht gehört, das sie sich also
„leihen" müssen, haben zur Verzinsung des gesamten Anlage- und
Betriebskapitals beizutragen.

Ob wir uns durch Arbeitsvertrag Produktionsmittel leihen
(arbeiten), ob wir uns durch Mietsvertrag eine Wohnung leihen
(mieten), ob wir uns durch eine Fahrkarte die Bahn oder ein Schiff
leihen (reisen), oder ob wir als Konsumenten das Kapital des
Kaufmanns, seines Lieferanten und seines Hauswirtes in Anspruch
nehmen — auf Schritt und Tritt sind wir alle Zinssklaven des
Kapitals.

Schadlos halten können sich nur diejenigen, deren eigenes
Zinseinkommen mindestens ebensogroß ist, wie die Zinsrate, die
sie selbst durch ihre Lebenshaltung oder ihren Betrieb an andere
Kapitalisten zahlen müssen. Die große Masse jedoch wird durch
den ständigen Zinstribut, den sie bei gehemmter Produktion zu
leisten hat, einerseits überhaupt erst in so hohem Grade
k r e d i t b e d ü r f t i g g e m a c h t , andererseits wird diese
einmal erlangte Kreditbedürftigkeit dauernd dadurch aufrecht-
erhalten, daß der volkswirtschaftliche Kredit, ohne den wir wie
Wilde leben und wieder in die Barbarei zurücksinken müßten,
überhaupt nur unter der Bedingung des Zinses gewährt wird.

X.
Was bedeuten 5% Kapitalzins in der
Volkswirtschaft.

Wer bisher nicht über das Zinsproblem nachgedacht hatte,
dem wird an der Hand der vorhergegangenen Ausführungen wohl
die gewaltige Bedeutung dieser Frage aufgeklafft sein. Dieselbe
wird im allgemeinen bei weitem unterschätzt. Die 4 oder 5 Prozent
Zinsen werden manchem sogar als unwesentlich erscheinen. Sehen
wir also einmal zu, was sie volkswirtschaftlich bedeuten und wie
sie wirken.

Das deutsche Nationalvermögen wurde vor dem Kriege auf
400 bis 600 Milliarden geschätzt; nehmen wir also die Mitte mit

500 Milliarden. Diese Summe umfaßt geld- und zahlenmäßig alle Städte, Dörfer, Bahnen, Schiffe, Straßen, Fabriken, Bergwerke, öffentliche und private Gebäude, Bauernwirtschaften, Vieh, Warenlager usw. Nehmen wir nun eine durchschnittliche Verzinsung von 5 Prozent an, indem wir die oft viel höheren Dividenden der Aktiengesellschaften für die etwa niedriger verzinsten Kapitalanlagen verrechnen, so ergibt der Zinsertrag des deutschen Nationalvermögens die Summe von j ä h r l i c h (!) 25 000 000 000 Mark.[12)]

Diese 25 Milliarden (fünfundzwanzigtausend Millionen!) muß das arbeitende deutsche Volk jahraus — — jahrein als Nebenprodukt seiner Arbeit aufbringen, sie werden von den Rentnern, Kapitalisten und sonstigen Zinsenempfängern in Form von Arbeitsprodukten, Waren, Gütern und Leistungen aller Art, (z. B. Villen, Automobilen, Dienerschaft, Vergnügungsreisen, Lebensunterhalt usw.) ohne produktive Gegenleistung konsumiert, soweit sie nicht auf Zinses-Zins angelegt werden und zu neuer Kapitalbildung dienen.

5 P r o z e n t   Z i n s   b e d e u t e n   — i n s p r a k t i s c h e   L e b e n   ü b e r t r a g e n — d a ß   d i e A r b e i t e n d e n   a l l e r   S t ä n d e   u n d   B e r u f e a l l e   z w a n z i g   J a h r e   d a s   g a n z e   D e u t s c h e R e i c h ,   m i t   a l l e m ,   w a s   d r u m   u n d   d r a n i s t ,   e i n m a l   n e u   e r a r b e i t e n   m ü s s e n (a u ß e r   i h r e m   e i g e n e n   L e b e n s u n t e r h a l t u n d   d e m   E r s a t z   d e r   A b n u t z u n g e n) ,   u m n u r   d e n   ü b l i c h e n   Z i n s t r i b u t   a n   d a s K a p i t a l   z u   l e i s t e n !

Der Zins frißt also alle 20 Jahre einmal das ganze deutsche Nationalvermögen. Seine Beseitigung würde bewirken, daß sich der Arbeitsertrag der Gesamtheit der Arbeitenden um soviel erhöht, als wenn sie alle 20 Jahre das ganze Deutsche Reich unter sich verteilen würden!

[12)] In den 500 Milliarden ist der Grund und Boden mit einbegriffen, und in dem Zinsertrag demgemäß die entsprechende Grundrente. Da der Grund und Boden aber dem Geldbesitz stark verschuldet (mit Hypotheken belastet) ist, so saugt der Zins immer mehr die Grundrente auf, so daß praktisch beides kaum noch auseinander zu halten ist. Die Haus- und Grundbesitzer rechnen denn auch (zwar mit Unrecht) die Grundrente dem Kapitalzins hinzu und reden nur von einer „Kapitalrente.“

Der Umstand, daß wir (außer bei Gelddarlehen) den Zins nicht direkt entrichten, sondern ihn indirekt in den Preisen aller Dinge mitbezahlen und somit als Produzenten einer entsprechenden unkontrollierbaren Unter-Entlohnung ausgesetzt sind, verschleiert natürlich den ganzen Sachverhalt in solchem Maße, daß die allerwenigsten sich dessen überhaupt bewußt sind.

Wer denkt z. B. daran, daß im Preise einer Fahrkarte 50 Prozent Zins enthalten sind, wenn er eine solche kauft, um die Kgl. Preußische Eisenbahn zu benutzen? Und doch ist es so![13]

Als der Preußische Staat s. Zt. (1878/79) die Eisenbahn übernahm, mußte er dafür an die bisherigen Eigentümer der Bahnen Schuldscheine ausgeben. Die 9 Milliarden Preußischer Konsols dienten fast ausschließlich diesem Zweck. Außerdem mußte sich der Preußische Staat verpflichten, diese Schuld nicht vor einem gewissen Zeitpunkt (anno 2061?) zu tilgen, sie bis dahin also regelmäßig und sicher zu verzinsen. Und da nach dem Staatsschuldentilgungsgesetz von 1897 mit einer jährlichen Schuldentilgung von etwa drei Fünftel Prozent der nach dem Etat sich ergebenden Schuldsumme zu rechnen ist, (diese betrug 1914 bereits 10,3 Milliarden), so dürfte die Tilgung noch einige hundert Jahre dauern. Inzwischen bezahlt das Volk, durch Vermittlung des Staates, in Gestalt der jährlichen Zinsen die ganze Schuldsumme innerhalb 100 Jahren (je nach dem Zinsfuß) drei-, vier- oder fünfmal, ohne daß die Schuld selbst geringer wird.

Das ist ja eben das Ungeheuerliche beim Zins, daß es sich dabei nicht um eine e i n m a l i g e Erstattung, wie beim Lohn oder jeder anderen Verpflichtung handelt, sondern um eine f o r t - w ä h r e n d e Zahlung, die im Laufe der Zeit schließlich das Vielfache der ursprünglichen Schuld beträgt, ohne daß diese selbst dadurch getilgt würde

Wenn wir die Verzinsung dieser 9 Milliarden im Hinblick auf den niedrigen Ausgabekurs mit rund 4% veranschlagen, so erfordert dieselbe rund 360 Millionen jährlich. Die Einnahmen der Preußischen Eisenbahnen betrugen hingegen (im Jahre 1911) etwa

---

[13] Die Anregung zu dieser Nutzanwendung, die Verzinsung der Eisenbahnschuld betreffend, entnehme ich der kleinen Schrift von Gustav Simons: „Das arbeitslose Einkommen" (Verlag „Neues Leben", Herausgeber Dr. E. Hunkel in Berlin-Lichterfelde).

720 Millionen. Folglich verschlingt allein die Verzinsung etwa die Hälfte der ganzen Einnahme. Bei Fortfall des Zinses könnte entweder der ganze Betrieb nebst den Gehältern der Beamten unverändert bleiben, und doch brauchte das reisende Publikum dann für eine Fahrkarte die heute 10 Mark kostet, nur 5 Mark zu bezahlen, oder aber die Gehälter der Beamten und alle übrigen Betriebskosten könnten verdoppelt werden, bei gleichbleibenden Fahrpreisen.

Und ähnlich verhält es sich mit allen anderen Dingen. Nehmen wir z. B. eine Wohnungsmiete in der Großstadt, die 500 Mark jährlich beträgt, so setzt sich der Preis von 500 Mark etwa folgendermaßen zusammen:

200 Mark   Grundrente, die auf den Grund- und Boden entfällt.

200 Mark   Kapitalzins, der auf das Baukapital entfällt.

100 Mark,   die auf Abschreibung, Reparaturen, Steuern und sonstige Unkosten entfallen.

Da die Hausgrundstücke durchweg hoch hypothekiert sind, so fließt auch die Grundrente (also hier die auf eine Wohnung entfallenden 200 Mark jährlich) ebenso wie der Zins des Baukapitals zumeist in Form von Hypothekenzinsen irgendeinem Geldkapitalisten zu.

Die 100 Mark stellen also den eigentlichen Preis der Wohnung dar, wenn der Kapitalzins in Fortfall käme, und auch die Verteilung der Grundrente durch eine zweckmäßige Bodenreform geregelt wäre, so daß der Preis nur aus der Abnutzungsgebühr und einer Entschädigung für die Verwaltung (also aus Löhnen) bestände. Aber schon der bloße Fortfall des Kapitalzinses würde den Preis von 500 auf 300 Mark herabsetzen.[14]

Auf dem Lande und in kleineren Städten, wo die Mieten verhältnismäßig billig erscheinen, weil hier der Bodenpreis und

---

[14] Damit soll nicht gesagt werden, daß die Preise nominell soviel billiger werden müssen; dasselbe Resultat wird auch erreicht, wenn die Preise zwar nominell unverändert bleiben, dagegen die Löhne eine entsprechende Steigerung erfahren. Natürlich brauchten dann auch die Hausbesitzer keine Hypothekenzinsen zu bezahlen, soweit diese nicht auf den Bodenwert entfallen, der ja besonders zu behandeln ist.

somit die Grundrente keine große Rolle spielt, setzt sich eine Miete von 300 Mark ungefähr wie folgt zusammen:

230 Mark   Kapitalzins

20 Mark   Grundrente,

50 Mark   Abschreibungen und sonstige Unkosten.

Der Mietspreis besteht hier, wie man sieht, zum g r ö ß t e n Teil aus Kapitalzins; von 300 Mark Miete würden, allein nach Fortfall des Zinses, nur noch 70 Mark übrigbleiben. Das Kapital verlangt eben den gleichen Zinssatz, ob es in einem Landhause oder in einem Stadthause angelegt ist.

Und ähnlich wie hier mit der Eisenbahnfahrkarte und der Miete, verhält es sich mit allen Dingen, die wir zum Leben gebrauchen. Im Preise der Lebensmittel, der Kleider, des Lichtes, des Heizmaterials — kurz, alles dessen, was wir überhaupt zu bezahlen haben, — ist stets eine e n t s p r e c h e n d e Zinsrate enthalten. Durch Millionen unsichtbarer Kanäle werden wir beständig von dem Vampyr „Kapital" ausgesogen und ausgeplündert — ohne es recht zu ahnen.

Die 4 oder 5 Prozent Kapitalzins sind also durchaus nicht so harmlos, wie es auf den ersten Blick erscheinen mag! E s k o m m t e b e n a u f d i e G r ö ß e d e s K a p i t a l s a n , w e l c h e s z u v e r z i n s e n i s t .

Und wenn wir uns aus dem vorhergegangenen darüber klar geworden sind, unter welchen Voraussetzungen jegliche Kapital-Eigenschaft und somit auch der Zins zustande kommt, so wächst die Zinsfrage zu einer geradezu u n h e i m l i c h e n Bedeutung für die Volkswirtschaft an.

Auf die Belastung, der wir durch die Verzinsung der beständig wachsenden Reichs-, Staats- und Gemeindeschulden unterliegen, wollen wir nicht näher eingehen, da sie ja bereits in der Hauptsache bei der Verzinsung des Gesamt-Nationalvermögens mit einbegriffen sind.

Auch bei den Kriegsanleihen handelt es sich um Kapitalien, die bereits im Nationalvermögen enthalten waren.

Während jedoch die Verzinsung dieser Milliarden bei volkswirtschaftlicher Anlage die Schaffung entsprechender Gütermengen zur Voraussetzung hätte, verfallen sie in der Form der Kriegsbedürfnisse dem Verbrauch und der Vernichtung, o h n e entsprechende produktive

Gegenleistungen hervorzurufen. Es ist dies eben ein Opfer, welches dem Schutze und der Erhaltung des übrigen Nationalvermögens dient.

Die Verzinsung dieser (bisher etwa 36,51 Milliarden mit 5 Prozent, d. h. mit etwa 1825 Millionen Mark jährlich, stellt also nur insofern eine Mehrbelastung dar, als es sich ja hierbei nicht um eine produktive (also güterschaffende) Kapitalanlage handelt, sondern um eine u n - p r o d u k t i v e . Der Krieg ist doch kein volkswirtschaftliches oder geschäftliches Unternehmen und sollte demgemäß auch nicht als solches behandelt, seine Finanzierung also auch nicht verzinst werden.

Das Reich — letzten Endes also die Gesamtheit der Arbeitenden — muß auf diese Weise dem Kapital die gesamte Kriegsausrüstung und alle sonstigen Aufwendungen, die zur Verteidigung des Landes nötig sind — die also auch dem Schutze des Lebens und des Eigentums der Kapitalisten dienen — noch obendrein verzinsen!

Kann die Macht des Geldes wohl überhaupt noch schärfer zum Ausdruck kommen, als dadurch, daß in der Zeit der größten Not — im Kriege, — wo alle wehrfähigen Bürger Blut und Leben für das Vaterland einsetzen müssen, dasselbe Vaterland gezwungen ist, seinen eigenen Bürgern für das bloße Borgen des zur Kriegführung nötigen Geldes, Zinsen zu zahlen?

Aber weil das Tauschmittel (Geld) sich zugleich vorzüglich als Spar- oder Schatzbildungsmittel eignet, sich aus dem Verkehr zurückziehen und seine Dienste beliebig verweigern kann, ist daraus ein systematisches Ausbeutungsmittel — aus dem Diener also ein Tyrann — geworden, gegen den auch die mächtigsten Staaten bisher machtlos sind.

Nicht der ursprüngliche Zweck ist für den Geldumlauf großen Stiles noch maßgeblich, sondern eine, vom volkswirtschaftlichen Standpunkt nebensächliche — ja sogar schädliche Begleiterscheinung. Nicht das volkswirtschaftliche Bedürfnis entscheidet darüber, ob das Geld als eine öffentliche Einrichtung seinen Zweck erfüllt, sondern diese schädliche Begleiterscheinung, als welche wir den Zins kennen gelernt haben.

D e r e i n z i g e Z w e c k j e d e r , ü b e r d e n p e r s ö n l i c h e n u n m i t t e l b a r e n V e r b r a u c h h i n a u s g e h e n d e n G e l d a n l a g e i s t h e u t e t a t s ä c h l i c h n u r u n d n u r n o c h d e r Z i n s .

„ K e i n   Z i n s   —   k e i n   G e l d " usw.

Sogar unsere öffentlichen Geldinstitute sind dadurch gezwungen, sich für ihre Aufgaben nicht vom Standpunkt des Geld -
z w e c k e s , sondern von dem der schädlichen Nebenerscheinung
des Geld z i n s e s aus zu orientieren, d. h. nicht der G e -
b r a u c h , sondern der M i ß b r a u c h des Geldes weist ihnen
ihre Richtlinien.

Die öffentlichen Geldinstitute müssen also ihre Hand dazu
bieten, daß ein Teil der Staatsbürger unter Mißbrauch einer
öffentlichen Einrichtung, wie es das Geld ist, dem anderen Teil eine
dauernde Privatsteuer auferlegt, der gegenüber alle sonstigen
öffentlichen direkten und indirekten Steuern lächerlich gering sind.

Weiter ist festzustellen, daß das Geld, indem es den Zins,
also ein arbeit- und müheloses Einkommen für seine Besitzer, zur
unbedingten Voraussetzung seiner Zirkulation stellt, seinen eigentlichen öffentlichen Zweck zur Nebensache — und die nebensächliche und schädliche Begleiterscheinung zur Hauptsache macht.

XI.
Die indirekten Schädigungen der Volkswirtschaft durch den Kapitalzins.
a) Unterproduktion an Realkapital.

Wie das Geld den Zins nur dadurch erheben kann, daß es
sich durch willkürliche Verweigerung seines Umlaufes gewissermaßen in Widerspruch zu seiner eigentlichen Bestimmung setzt, so
muß sich auch die ganze Volkswirtschaft nicht nur zeitweilig,
sondern in gewissem Grade d a u e r n d um des Zinses willen in
Widerspruch zu ihrem Zweck und ihrer Bestimmung setzen.

Nur auf der Grundlage einer planmäßigen Hemmung der
Volkswirtschaft mittels jeweiliger Geldsperre, kann ja das Geld
seinen Raubzug mit Erfolg ausführen. Der hierdurch verursachte
indirekte Schaden dürfte kaum geringer sein, als die soeben nachgewiesenen direkten Zinslasten. Die Mittel, deren das Geld zur

Erhebung seines Zinstributes bedarf, sind vielleicht noch schädlicher, als der Tribut selber.

Es wurde bereits nachgewiesen, daß die Kapital-Eigenschaft der Produktionsmittel und sonstiger volkswirtschaftlicher Güter (also des sogen. Realkapitals) darauf beruht, daß das Geld ihre Entstehung und Vermehrung ganz nach Maßgabe der Zins-Interessen einschränkt und verhindert, also eine b e s t ä n d i g e U n t e r p r o d u k t i o n   a n   R e a l k a p i t a l erzwingt.

Sobald infolge andauernder Arbeit das Angebot von R e a l - K a p i t a l soweit steigt, daß die übliche Differenz zwischen Angebot und Nachfrage auf dem Kapitalmarkt sich verringert und somit die Rentierungsaussichten für das Geld-Kapital ebenfalls geringer werden, ist der Zeitpunkt gekommen, wo dieses der Arbeit „Halt" gebietet (Krise). Ist z. B. infolge reger Bautätigkeit das Angebot von Wohnungen so groß, daß die erzielbaren Mieten das Baukapital angesichts der erreichten Höhe der Arbeitslöhne nicht mehr sicher mit 4 bis 5 Prozent verzinsen, so zieht es sich vom Baumarkt zurück, d. h. es stellt die Nachfrage nach Baumaterial, nach Baumeistern, Unternehmern und Arbeitern ein und diese müssen untätig bleiben (Baukrise), bis die Nachfrage nach Wohnungen wieder soweit gestiegen ist, oder die Lohnansprüche der Arbeiter und die Preise der Materialien soweit gesunken sind, daß sich das Baukapital, d. h. das für den Häuserbau bestimmte Geld, wieder sicher in gewohnter Höhe verzinst.

„Wenn der Proletarier besondere Anstrengungen macht und in der Hochkonjunktur mit Ueberstunden arbeitet, wenn die Sparkassenbücher sich zu füllen beginnen, dann fällt ihm auch schon der Geldbesitzer in den Arm: Halte an, Unseliger! W i r haben genug von deinen Produkten! Sieh doch, wie als Folge deines verfluchten, proletarischen Fleißes die Zahl der Mietshäuser sich vermehrt hat, wie die Mieten zu s i n k e n beginnen und dadurch der Zins des hier angelegten heiligen Geldkapitals gefährdet ist! Deine ungezügelte, lasterhafte, schreckliche „Bauwut" verwandelt sich für unser Kapital in eine „Baupest." Schluß mit der Arbeit, Schluß mit dem Bauen!

Und der schaffensfrohe, sparsame, vorwärtsstrebende Arbeiter, der sich und die Seinen befreien will von dem Fluch der Armut und des

Proletariertums, muß auf Befehl des Geldkapitals (das sich vom Marke zurückzieht) feiern, muß seine Ersparnisse wieder aufzehren. Vielleicht reichen sie gerade bis zum Ende der „Krise." Dann kann er den Versuch wiederholen, den seine Vorfahren seit jetzt schon 3000 Jahren immer wieder und immer wieder mit demselben Mißerfolg gemacht haben."   (Silvio Gesell.)

Und wie hier ein einzelnes Gewerbe im Interesse des Zinses stillgelegt werden kann, so wird nach Zeiten reger Konjunktur oft das ganze Wirtschaftsleben im gleichen Interesse für längere oder kürzere Zeit stillgelegt (akute Wirtschaftskrise). Daher der Wechsel der Konjunkturen, das Auf und Ab! U m e i n S i n k e n d e s K a p i t a l z i n s e s z u v e r h ü t e n , muß das Geld also zeitweilig seine Nachfrage auf dem Markte einstellen und periodisch Wirtschaftskrisen hervorrufen. Ob die Arbeiter inzwischen hungern — ob die Waren inzwischen infolge sogenannter „Ueberproduktion" (!) verderben und das Nationalvermögen empfindlich geschädigt wird — hat wenig zu besagen; Hauptsache ist immer der Zins!

Aber selbst in Zeiten geregelten Geschäftsganges übt das Geld-Kapital eine ständige Kontrolle über die gesamte Volkswirtschaft aus, schränkt es die Produktion dauernd ein, u m ü b e r - h a u p t e r s t d i e V o r b e d i n g u n g e n f ü r d e n Z i n s z u s c h a f f e n , und den Markt ständig in einem solchen Zustand zu erhalten, daß er nie das Zinsjoch abschütteln kann, sondern stets so beschaffen ist, daß alle Güter, welche ihn überhaupt passieren, Kapitalform annehmen und Zinsertrag liefern müssen. Daher leidet das Geld nie die volle Entfesselung aller wirtschaftlichen Kräfte, nie die restlose Heranziehung der Arbeitslosen-Armee zur Produktion, zur Gütererzeugung. Es schaltet immer — selbst in Zeiten der Hochkonjunktur, wo dem Zins noch keine Gefahr droht — einen Teil der produktiven Kräfte von der Betätigung aus, um ein Steigen der Löhne und ein Sinken des Zinses möglichst lange zu verhindern. Die völlige Entfesselung der Volkswirtschaft und die daraus hervorgehende natürliche Zunahme des Volkswohlstandes, also auch des sogen. Real-Kapitals, sind eben mit den kapitalistischen Interessen, denen das Geld dient, unvereinbar! Mit Rücksicht auf den Zins verhindert es die Arbeiter an der Schaffung von Gütern und Reichtümern, überantwortet es sie durch Arbeitslosigkeit dein Nichtstun und der Armenpflege.

Und das alles, weil sonst der Kapitalzins in einem Ueberfluß, in einem Meer von Kapital und Reichtum ersäuft würde!

Das Geld als Kapital erweist sich somit als ein Hemmschuh, als ein Hindernis für die freie Entwicklung und die Entfaltung aller Kräfte.

Wie es selbst seinen eigentlichen Zweck zugunsten seiner Kapital-Eigenschaft absichtlich hintenan stellt, so überträgt es auch auf den gesamten Kapitalmarkt dasselbe Prinzip. Nicht dem volkswirtschaftlichen Bedürfnis und der Befriedigung der Nachfrage dienen deshalb die Produktionsmittel in erster Linie, sondern von dem Gesichtspunkte des Zinses, den sie abwerfen, hängt allein ihre Entstehung und ihr Angebot ab.

Aber nicht um des Geldes und des Zinses willen arbeiten wir doch, sondern um der Produkte und Güter willen, die wir zum Leben gebrauchen!

Das Geld hat nur den Zweck, den wechselseitigen Austausch dieser Produkte zu ermöglichen. Und diesen Zweck erfüllt es eben bisher nur unter fortwährender Tyrannisierung der Volkswirtschaft, unter unaufhörlicher Zinserpressung.

Außer den direkten Zinslasten haben wir also auch folgende indirekten Schädigungen der Volkswirtschaft festgestellt, die auf dem herkömmlichen Geldwesen beruhen:

Um den Zinsertrag der Produktionsmittel und sonstiger Wirtschaftsgüter auf üblicher Höhe zu erhalten, verhängt das Geld-Kapital je nach Bedarf akute (vorübergehende) Wirtschaftskrisen, indem es sich vom Angebot zurückzieht.

Um diesen Gütern aber überhaupt erst Kapital-Eigenschaft verleihen zu können und die Vorbedingungen zu schaffen, auf Grund deren sie im Dienst des Geldes Zins erheben können, muß die Volkswirtschaft außerdem auch dauernd eingeschnürt und gehemmt, in einer chronischen (immerwährenden) Krise erhalten werden.

Auf diese Weise erzwingt das Geld eine ständige

U n t e r p r o d u k t i o n   a n   R e a l k a p i t a l und verhindert dadurch, daß sich Angebot und Nachfrage jemals ausgleichen können.

W e r   w i l l   d e n   S c h a d e n   b e r e c h n e n ,
d e n   d e r   V o l k s w o h l s t a n d   a u f   d i e s e
W e i s e   s e i t   E i n f ü h r u n g   d e s   G e l d w e s e n s
e r l i t t e n   h a t   u n d   n o c h   e r l e i d e t ?   V i e l e
M i l l i a r d e n   a n   G ü t e r n   w e r d e n   a l l j ä h r -
l i c h   a u f   d i e s e   W e i s e   a m   E n t s t e h e n   v e r -
h i n d e r t .

---

b) Sogenannte „Ueberproduktion" an Waren.

Wie auf allen anderen Gebieten, so übt das Geld auch auf
dem eigentlichen W a r e n m a r k t — wie bereits mehrfach
erwähnt — seinen beherrschenden Einfluß aus. Es kann weder eine
Ware erzeugt noch gehandelt werden, ohne dem Kapital, dem sie
ihr Dasein und ihren Austausch verdankt, den üblichen Tribut ein-
zubringen. Schon bei der Produktion bereitet das Geld den Waren
den Markt vor, damit auch sie „Kapital" sind und den Zins ein-
bringen können; es stellt sich der Warenproduktion und dem
Warenaustausch (Handel) eben nur soweit zur Verfügung, daß
nicht etwa eine „Ueberschwemmung" des Marktes durch die Waren
— eine sogenannte „ U e b e r p r o d u k t i o n " — stattfinden
kann. Eine solche ist nun zwar, vom v o l k s w i r t s c h a f t -
l i c h e n Standpunkt aus, nie zu befürchten, solange es Menschen
gibt, die ihre Bedürfnisse bei weitem nicht befriedigen können,
weil sie unter-entlohnt werden, weil der Zinstribut die Hälfte ihres
Arbeitsertrages auffrißt, oder weil ihnen das Kapital n i c h t
g e s t a t t e t , zu arbeiten — und sie daher auch nicht als Abnehmer für Waren in Betracht kommen.

V o m   S t a n d p u n k t   d e s   Z i n s e s   j e d o c h
h e r r s c h t   e i n e   „ U e b e r p r o d u k t i o n " ,   s o -
b a l d   d i e   W a r e n p r o d u k t i o n   u n d   d e r
H a n d e l   s i c h   i m   H i n b l i c k   a u f   d i e   e r -
z i e l b a r e n   P r e i s e   u n d   d i e   H ö h e   d e r
A r b e i t s l ö h n e ,   n i c h t   m e h r   i n   g e w o h n t e r
W e i s e   „ r e n t i e r t " ,   d. h. v e r z i n s t .

Um dies zu verhüten, wird die Produktion — wie wir gesehen haben — von vornherein immer in zweckmäßigem Umfange eingeschränkt.

Und selbst in Zeiten der Hochkonjunktur, wo fortgesetzte Preissteigerungen hohe spekulative Gewinne versprechen und die Geldzirkulation deshalb aufs Höchste gesteigert wird, stellt sich das Geld-Kapital der Warenproduktion und dem Handel nur so lange zur Vertilgung, als die allgemeine Preissteigerung und die vermehrte Kapital-Anlage nicht auf den Kapitalzins drückt. Sobald dieser Fall eintritt, schränkt das Geld auch seine Nachfrage und seine Aufträge für Waren wieder entsprechend ein.

Die Einwirkung des Zinses auf die Konjunktur wird zwar vielfach durch Preisbewegungen gestört, die sich einerseits aus spekulativem Geldumlauf, andererseits aus den zum Schutze der sogen. „Goldwährung" nötigen Maßnahmen (Einschränkung des Banknotenumlaufes) ergeben. A b e r   e b e n s o w e n i g   w i e   d a s   A u f   u n d   A b   d e r   M e e r e s w o g e n   E b b e   u n d   F l u t   a u f h e b e n   k a n n ,   e b e n s o w e n i g   k ö n n e n   j e n e   S t ö r u n g e n   d i e   t i e f e n   s t ä n d i g e n   E i n w i r k u n g e n   d e s   Z i n s e s   a u f h e b e n .

Die sogenannte „Ueberproduktion", die ja doch eigentlich w ä h r e n d   d e r   g a n z e n   H o c h k o n j u n k t u r   s t a t t f i n d e t , wird immer erst als überhaupt vorhanden und gefährlich empfunden, wenn die Hochkonjunktur (Hausse) in eine Krise (Baisse) umschlägt. Den während der Hochkonjunktur (wo alle Preise beständig steigen) in fieberhafter Arbeit erzeugten Waren fehlt dann nämlich plötzlich der Absatz, den soeben noch vergrößerten Betrieben fehlen die Aufträge, die Arbeiter, die bis dahin sogar mit Ueberstunden arbeiten mußten, werden entlassen usw.

Die   u n m i t t e l b a r e   Veranlassung zu diesem Umschwung bildet das Abflauen der Preisbewegung infolge verringerten Geldumlaufs oder auch, weil der Geldumlauf das Höchstmaß erreicht hat und keine weiteren Preissteigerungen mit entsprechendem Gewinn mehr zu erwarten sind. Auch kann z. B. vermehrter Goldabfluß ins Ausland oder in die Goldwarenindustrie und der dadurch zum Schutze der Drittel-Golddeckung nötig werdende Einzug von Banknoten — bei gleichzeitigem Höchststand des Wechsel - Diskontes — dahin wirken.

Aber über alle diese nächstliegenden Einzelursachen hinweg entscheidet letzten Endes der K a p i t a l z i n s über den gesamten Geldumlauf — und damit auch über die Preisbewegung des Warenmarktes. Solange der Zins des angelegten Kapitals hoch ist, wird der Geldumlauf groß sein oder doch nicht wesentlich geringer werden. Dadurch bleibt die Volkswirtschaft in Vollbetrieb, die Nachfrage stark und die Warenpreise im allgemeinen hoch, wenngleich sie auch aus einem der obigen Gründe nicht weiter steigen, in einigen besonders hochgetriebenen Geschäftszweigen sogar sinken können. Fällt aber der Zinsertrag der Kapitalanlagen, so stockt auch der gesamte Geldumlauf, selbst wenn nun der Diskont herabgesetzt würde, und die Preise sinken dann auf a l l e n Gebieten der Volkswirtschaft.

Eine wichtige Rolle spielt hier der Wechseldiskont. Es ist nämlich zu beachten, daß die ungewöhnliche Erhöhung des Wechseldiskonts, die immer das letzte Stadium der Hochkonjunktur anzeigt, als eine A b - w e h r m a ß r e g e l zum Schutze des Goldschatzes der Reichsbank zu betrachten ist. Um diesen Zweck zu erreichen, muß der Wechseldiskont dann h ö h e r sein, als die zu erwartende Preissteigerung und die volks- wirtschaftliche Verzinsungsmöglichkeit. Die letztere wird aber gerade infolge der i n t e n s i v e n P r o d u k t i o n während der Hoch- konjunktur, die zu vermehrter Kapitalanlage bei verteuerten Löhnen und Rohstoffen führt, ständig geringer. Und dies Mißverhältnis zwischen dem Zinsfuß für Wechselkredite (also für bares Geld) und dem Zinsertrag des Realkapitals führt dann zur tatsächlichen Einschränkung des weiteren Geldumlaufes, zu Preisrückgängen — und damit zum Rückschlag nach unten (Baisse, Krise). Und daß dieses Mißverhältnis zwischen Wachseldiskont und allgemeiner Kapitalverzinsung durch weitere Preis- steigerungen ausgeglichen werden könnte, ist aus dem Grunde unmöglich, weil der hohe Wechseldiskont ja bereits anzeigt, daß auf eine weitere Vermehrung des Geldumlaufes nicht mehr zu rechnen ist.

V o l k s w i r t s c h a f t l i c h b e t r a c h t e t i s t e s ü b e r h a u p t e i n U n s i n n, v o n „ U e b e r - p r o d u k t i o n " z u r e d e n, s o l a n g e d i e T a t - s a c h e d e s Z i n s e s u n s k l i p p u n d k l a r b e w e i s t, d a ß a u f k e i n e m G e b i e t e d e r V o l k s w i r t s c h a f t d i e N a c h f r a g e n a c h K a p i t a l g e s ä t t i g t i s t, solange daher nicht jedermann die Möglichkeit hat, sich durch Arbeit die Dinge, die ihm so nötig fehlen, zu erwerben, durch seinen Konsum also der

„Ueberproduktion" abzuhelfen.

[Hier ist im Original ein Textabschnitt doppelt gedruckt.]

Dies könnte aber — wie bereits aus den bisherigen Ausführungen ersichtlich ist und auch weiterhin nachgewiesen wird — nur durch eine entsprechende „U e b e r p r o d u k t i o n " a n R e a l k a p i t a l erreicht werden.

Aber — infolge beständiger U n t e r p r o d u k t i o n an Realkapital — empfängt heute keiner den v o l l e n Ertrag seiner Arbeit als Lohn, und so ist auch keiner in der Lage, ebensoviel zu konsumieren, als er durch seine Arbeit erzeugt, selbst wenn er auf jegliches Sparen verzichten wurde. Nun konsumieren zwar die Empfänger des arbeitlosen Einkommens (also die Grund- und Zinsrentner), die doch als solche keinerlei Güter erzeugen, ihrerseits anstelle der Arbeiter einen großen Teil der Arbeitsprodukte. Und wenn dieser Konsum auch die beständige Ausbeutung der Arbeitenden zur Voraussetzung hat, also auf deren Kosten vor sich geht, so dürfte es immerhin nicht zu eigentlichen Absatzstockungen

(sogenannter Ueberproduktion) und d a r a u f b e r u h e n d e r
Arbeitslosigkeit kommen. Selbst die, von den Rentnern und
Kapitalisten aus erübrigtem Zins und Zinses-Zins gemachten
Rücklagen mußten, da sie zu neuer Kapitalbildung dienen, das
Kapitalangebot vermehren und deshalb eher zu einer Vermehrung
der Produktion und des Warenabsatzes führen — — wenn das
vorhandene Geld-Kapital immer uneingeschränkt angeboten würde.
Jedoch den Ast, auf dem er sitzt, sägt niemand selbst ab: die
Möglichkeit der Ausbeutung der Arbeitenden und somit das unver-
diente Zinseinkommen der Kapitalisten beruht ja gerade auf der
Macht, mit Hilfe der Geldsperre die Produktion je nach Gutdünken
einzuschränken oder zeitweilig ganz zu verhindern. Der Ausfall an
Zins bedeutet ja ein kleines Opfer, welches der Kapitalist bringt,
um sich den weiteren üblichen Zinsbezug zu sichern; aber dies
Opfer ist nötig und wird reichlich aufgewogen, durch die umso
größere Arbeitswilligkeit der Arbeiter und deren bescheidene
Lohnforderungen, bei Beendigung der „Ueberproduktion". Die
kleine Einschränkung, die sich der Kapitalist vorübergehend auferlegt, bedeutet ja für den Arbeiter Arbeitslosigkeit, Hunger und
Elend und macht ihn auch für weniger kritische Zeiten ängstlich
und gefügig.

Volkswirtschaftlich gibt es überhaupt keine Grenze für den
Umfang der Produktion und den Absatz der Produkte;[15] diese
Grenze wird allein durch die Bedürfnisse der Menschen, durch ihre
Leistungsfähigkeit und ihre Arbeitswilligkeit bestimmt.

Wenn alle Arbeitswilligen ununterbrochen ihre Kräfte an-
spannen dürften, um zu produzieren, so wären sie auch sehr bald in
der Lage, ihre Produkte wechselseitig, je nach Maßgabe der
persönlichen Arbeitsleistung, zu konsumieren; die erarbeiteten und
ersparten Ueberschüsse aber in Form zinsfreier Kredite in
Anspruch zu nehmen. Die Anpassung der Produktion an die Art

[Hier fehlt im Original offenkundig etwas]

---

[15] Wann es in e i n z e l n e n A r t i k e l n zu einer über die jeweilige
wirtschaftliche Verbrauchsmöglichkeit wirklich hinausgehenden Produktion kommt, so beruht dies lediglich auf einem Mangel an kaufmännischer Umsicht seitens der betreffenden Fabrikanten oder Unternehmer, die jedoch rein privater, zumeist sogar spekulativer Natur ist.

produzierten" Waren zu setzen? Doch nur vom privat-wirtschaft-
lichen Gesichtspunkt des Zinses und der Spekulation herrscht
jemals „Ueberproduktion". Und daß diese dem Zins nicht gefährlich werden kann, dafür sorgt immer rechtzeitig die Macht des
Geldes. Höchstens der Warenbesitzer, der seine Vorräte nun nicht
los wird, könnte von Ueberproduktion sprechen; aber im Hinblick
auf die gierigen und sehnsüchtigen Blicke der Arbeitslosen, die ihm
— wenn sie Arbeit und Lohn hätten — gern seine Ware abkaufen
würden, wird er nicht von „Ueberproduktion" faseln, sondern einsehen, daß es sich um eine willkürliche Verhinderung der
Produktion zum Schutze der Zinsinteressen des Kapitals u n d
d a r a u s   h e r v o r g e h e n d e r   U n t e r k o n s u m -
t i o n — also um eine Stockung des Geldumlaufes — handelt.

c) Erschwerung und Verteuerung des Handels.

Ebenso willkürlich, wie das Geldkapital mit der Produktion
umspringt, verfährt es auch mit dem Austausch der Produkte — mit
dem H a n d e l .

Auch dem Handel stellt sich das Geld nicht aus volkswirtschaftlichen, menschenfreundlichen oder sonstigen Gründen zur
Verfügung, sondern auch hier besteht die Bedingung, daß sich das
im Handel angelegte eigene oder geborgte Geld (Handelskapital)
verzinst. Das Angebot von auszutauschenden Waren kann noch so
groß und dringend sein — das scheert das Handelskapital nicht im
geringsten. Soweit der Handel nicht außer den kaufmännischen
Gehältern und den gewöhnlichen Spesen und Unkosten auch den
regelrechten Zins abwirft, unterbleibt er eben, das heißt», das sonst
für den Handel bestimmte Geld stellt seine Nachfrage nach Waren
ein, erteilt keine Aufträge an die Fabrikanten usw.

Und da der gesamte Warenaustausch auf den Handel,, also
auf die Vermittlung des Geldes, angewiesen ist, so hat auch das
Geld in den Händen der Kaufleute und Banken die Macht, die
Preise sowohl bei den Produzenten als auch für die Konsumenten
durch entsprechende Zurückhaltung des Geldangebotes, d. h. der
Nachfrage und der Aufträge für die Warenerzeugung, immer so zu
gestalten, daß sich der Handel rentiert.

Die Waren müssen somit stets durch den Handel in ihrem Preise die übliche[16] Zinsrate aufbringen für alles Kapital, dessen sie sowohl bei der Produktion als auch beim Austausch bedürfen, bis sie in die Hand des Verbrauchers gelangen. Anderenfalles unterbleibt ihre Erzeugung und die Arbeiter dürfen nicht arbeiten.

Indem das Geld nicht nur die Entstehung von Produktionsmitteln und sonstigem Realkapital beherrscht, sondern auch die Produktion der Waren und ihre Preisbildung durch den Handel, und da alle Zweige der Volkswirtschaft miteinander in Wechselwirkung stehen, so ist damit der eherne kapitalistische Ring geschlossen, den das Geld um die ganze Volkswirtschaft legt. Und daß sich nichts seiner Macht entziehen kann, drückt sich in dem g l e i c h e n   Z i n s e r t r a g e   a l l e r   K a p i t a l - a n l a g e n aus.

Sobald nun aber der Kaufmann aus einem Geldbesitzer ein Warenbesitzer geworden ist, befindet er sich (obwohl in beiden Fällen „Kapitalist") doch in einer gänzlich veränderten Lage. Während er bisher als Geldinhaber und Auftraggeber der Ueberlegene war, befindet er sich nun als Warenbesitzer dem Gelde gegenüber in ähnlicher Situation, wie vorher die Produzenten und die Ware ihm gegenüber. Es gilt nun für ihn, seinerseits den Widerstand des Geldes zu überwinden. Und obwohl auch er als Geldbesitzer mit dafür gesorgt hat, daß keine „Ueberproduktion" von Ware eintreten kann, so ist es doch immerhin schwierig, das im Interesse des Zinses gebotene Maß richtig zu beurteilen, da sich das Handelskapital ja privatwirtschaftlich in v i e l e n Händen befindet und die Kontrolle der Gesamtproduktion daher erschwert ist. Beurteilt auch der einzelne Kaufmann die Marktlage richtig, so können doch andere sich irren und der einzelne würde privatwirtschaftlich das Opfer des Jrrtums der anderen werden, indem vielleicht durch unvorsichtiges Disponieren die gesamten Waren-Abschlüsse doch größer werden, als sie im Hinblick auf die Rentabilität des Handelskapitals sein sollten. Es besteht dann die

---

[16] Die nähere Erklärung dafür, warum der „übliche" Zins eine — trotz mancherlei Schwankungen — im allgemeinen und seit Jahrtausenden „feste Größe" ist, gibt Silvio Gesell In seinem Buche „Die neue Lehre vom Geld und Zins". Auch ist dort der Unterschied zwischen „Zinsfuß" und „reinem Zins" näher erklärt.

Gefahr, daß die Preise infolge der nunmehrigen Zurückhaltung des Handelskapitals sinken (Handelskrise).

Bei sinkenden Preisen kann aber der Kaufmann nur mit Verlust arbeiten, die Verkaufspreise können unter die Einstandspreise zu stehen kommen, und dies will und muß natürlich jeder für sich vermeiden, denn sind die Preise einmal in Bewegung nach abwärts, so weiß niemand, wie weit es geht.

Der Kaufmann ist dann in Gefahr, nicht nur den auf seinen Warenbestand entfallenden Kapitalzins zu verlieren, indem er ihn nicht beim Verkauf seiner Waren erheben kann, sondern auch sein in Waren angelegtes Geld — sein Vermögen — kann er teilweise, unter gewissen Umständen sogar ganz einbüßen.

All diesen Gefahren sucht der Handel dadurch zu entgehen, daß er seinerseits nun nicht wartet, bis seine Abnehmer ihm ihr Geld ins Haus bringen und damit seine Warenbestände kaufen, sondern der Handel, soweit er im Besitz von Waren ist, geht dem Gelde entgegen; er schickt Vertreter und Reisende mit Proben und Mustern zu den Abnehmern, denn jeder will sich aus einem Warenbesitzer wieder in einen Geldbesitzer verwandeln, abgesehen von der jedesmaligen Differenz.

Also auch hier wieder dasselbe Bild: das Warenangebot ist (trotz der z. B. durch Krieg geschaffenen Ausnahme) dringender, eiliger als das volkswirtschaftliche Geldangebot, es geht dem Gelde entgegen, trotzdem der Markt durch die Kaufleute schon so vorbereitet ist, daß die Waren in der Regel zu einem Preise verkauft werden, der außer dem Einstandspreise und den sonstigen Spesen, vor allem auch den Zins für das im Handel angelegte Geld einbringt. Aber keiner will der l e t z t e sein; Zeit ist Zinsverlust, Zeit ist Risiko, Zeit ist verderblich für die Waren: darum unterhält der Handel ein Heer von Agenten, Vertretern und Reisenden an allen Orten der Welt. Darum wendet er Millionen auf für Reklame, um die Käufer anzulocken, um seinen Warenbesitz immer wieder so schnell als möglich in Geldbesitz umzuwandeln, um das Widerstreben des Geldes, sich gegen Ware einzutauschen, zu überwinden.

Auf all die Schwierigkeiten des Warenaustausches ist es zurückzuführen, daß die zur Ueberwindung dieser Schwierigkeiten nötigen Aufwendungen, die bloßen Handelsspesen, im Durchschnitt etwa 40 Prozent des Preises ausmachen, bevor die Ware in die Hände der Verbraucher gelangt, was soviel heißt, d a ß   a u f je   6 M.   A r b e i t s l o h n   4 M a r k   S p e s e n a u f g e s c h l a g e n   w e r d e n.

Wenn wir uns nun zum Schluß noch vorstellen, welcher Ausfall an Volksvermögen und Gütern aller Art dadurch entsteht, daß die große Zahl der Rentner, Kapitalisten und sonstigen Zinsenempfänger, sowie das Riesenheer der im Handel und bei der Reklame beschäftigten Personen, der produktiven Arbeit entzogen ist, so haben wir ein Bild von den Schäden, die das herkömmliche Geldwesen verursacht.

Das bisher Gesagte dürfte jedenfalls genügen, um die ganze Verderblichkeit des auf dem übermächtigen Gelde, als dem UrKapital, sich aufbauenden kapitalistischen Wirtschaftssystems zu offenbaren.

D i e   M a s s e n a r m u t,   d i e   s i c h   ü b e r a l l a l s   K e h r s e i t e   d e r   k a p i t a l i s t i s c h e n K u l t u r   z e i g t,   h a t   i h r e   g e s e t z m ä ß i g e, a u t o m a t i s c h   w i r k e n d e   v o l k s w i r t s c h a f t l i c h e   U r s a c h e   v o r   a l l e m   i n   d e n   V o r z ü g e n,   d i e   d a s   h e r k ö m m l i c h e   G e l d   a l s S p a r -   u n d   S c h a t z b i l d u n g s m i t t e l   g e g e n ü b e r   a l l e n   a n d e r e n   A r b e i t s p r o d u k t e n h a t.

Dadurch ist nicht nur eine systematische, immerwährende Ausbeutung der Arbeit durch den Besitz ermöglicht, sondern auch die volle Entfaltung und Betätigung der produktiven Kräfte wird dauernd verhindert, um des Zinses willen.

D a m i t   d a s   m ü h e -   u n d   a r b e i t l o s e E i n k o m m e n   n i c h t   S c h a d e n   l e i d e t,   w i r d d i e   g a n z e   V o l k s   W i r t s c h a f t   d a u e r n d g e s c h ä d i g t.

D i e   U e b e r m a c h t   d e s   G e l d e s,   d i e s i c h   i m   „ Z i n s "   a u s d r ü c k t,   i s t   d i e U r s a c h e   d a f ü r,   d a ß   d i e   R e i c h e n   o h n e e i g e n e s   V e r d i e n s t   i m m e r   r e i c h e r w e r d e n   —   u n d   d i e   A r m e n   o h n e   S c h u l d i m m e r   a r m   b l e i b e n,   d a ß   d i e   A r b e i t e r d a z u   v e r u r t e i l t   s i n d,   e w i g   a r m s e l i g e P r o l e t a r i e r   z u   s e i n.

Die ganze sogenannte „ S o z i a l e   F r a g e ", soweit sie volkswirtschaftlicher Natur ist und es sich auch nicht um die Wirkung des Privatgrundbesitzes handelt, ist nur eine G e l d -
f r a g e !

XII.
Die Unterschätzung der Macht des Geldes.

Bei oberflächlicher Betrachtung des Geldwesens könnte es leicht so scheinen, als ob die Menge des vorhandenen Bargeldes im Verhältnis zu dem riesigen Organismus der Volkswirtschaft doch wohl v i e l   z u   g e r i n g ist, um so gewaltige Wirkungen hervorzubringen, wie es hier dargelegt wird. Jeder Harmlose — und das sind in diesen Fragen die allermeisten — wird auf die, aus realen Gütern bestehenden, 500 Milliarden des deutschen National-vermögens hinweisen und demgegenüber den Einfluß der 5—8 Milliarden baren Geldes als bedeutungslos ansehen. Er wird weiter in den ungemünzten Geldsurrogaten (Wechsel, Schecks, Kredit-briefe) sowie in der beständigen Zunahme des Kredites und der bargeldlosen Verrechnungsweise (Clearing und Girokonten) eine ebensogroße A b s c h w ä c h u n g der Macht und Bedeutung des baren Geldes erblicken. Hat doch Deutschland nunmehr allein einen Wechselumlauf von jährlich etwa 10 Milliarden; was wollen da die paar Milliarden Bar-Geld besagen — wird man zunächst denken.

Aber — — man denkt dabei falsch!

Die Einrichtung all dieser „Erleichterungen" des Zahlungs-verkehrs ist erst die Folge der E r s c h w e r u n g , die das über-lieferte Geldwesen der Volkswirtschaft bereitet; sie ist außerdem nur   e r m ö g l i c h t   u n d   a u f g e b a u t   a u f   d e m
V o r h a n d e n s e i n   u n d   d e m   U m l a u f   d e s
b a r e n   G e l d e s . Zieht sich das bare Geld zurück, stockt sein Umlauf, so verlieren auch alle jene Einrichtungen und Er-leichterungen ihr Fundament, ihre Sicherheit und versagen gerade dann, wenn sie am nötigsten wären.

Alle Kredite, Guthaben, Wechsel, Schecks, Verrechnungen und dergleichen sind ja — trotzdem sie zeitweilig bares Geld er-setzen — letzten Endes nichts weiter, als G e l d -
f o r d e r u n g e n , sie lauten sämtlich auf b a r e s   G e l d , die Banknoten — trotzdem sie jetzt „gesetzliches Zahlmittel" sind —

sogar auf G o l d ! Das bare Geld muß also immer erreichbar und greifbar vorhanden sein, damit die Geldforderungen nicht „leer" sind, sondern immer rechtzeitig realisiert werden können.

Der ganze Aufbau an Krediten, Stundungen, Wertpapieren, Staatsschulden, Hypotheken, Wechseln, Geldsurrogaten und Verrechnungskonten, ja — einschließlich der realen Güter —, der sich auf den 5—8 Milliarden Bargeld erhebt, gleicht einer auf die Spitze gestellten Pyramide! Je größer der Bau ist, der sich auf dem kleinen Fundament der wenigen Milliarden baren Geldes erhebt, u m   s o   g r ö ß e r ist die Wirkung der geringsten Verschiebung dieser kleinen Grundfläche, um so gefährlicher sind alle Vorgänge, die das bare Geld betreffen, für die Volkswirtschaft; um so wichtiger das Fundament.

Welche gewaltige Bedeutung, das von so vielen modernen Schriftstellern verachtete Häufchen B a r g e l d hat, offenbarte sich bei Kriegsausbruch auch dem Blödesten. Weil ein Teil dieses Häufchens (Gold) privatwirtschaftlich thesauriert (vergraben, versteckt) wurde, mußten sofort Gesetze zum Schutze der Volkswirtschaft erlassen werden. Wenn damals unsere Reichsbank nicht mit Bergen von Papiergeld in die von Gold zurückgelassene Lücke eingesprungen wäre, so wäre die private „finanzielle Kriegsbereitschaft" Ursache unseres volkswirtschaftlichen und damit auch unseres militärischen Zusammenbruches gewesen. So bedeutungslos ist also trotz der „bargeldlosen Verrechnung" unser Häufchen Bargeld doch nicht.

Die geringe Menge schwächt also keineswegs die Bedeutung des Geldes ab, sondern e r h ö h t   s i e   u m - g e k e h r t ,   i n   g e r a d e z u   u n h e i m l i c h e r   W e i s e .

*

Ebenso falsch wie die hier widerlegte Meinung über die Macht und Bedeutung des Geldes, ist seit altersher die über die Natur des Zinses verbreitete. Hat man doch Jahrhunderte hindurch allen Ernstes versucht, den Zins einfach zu verbieten!

So sehr auch das feine Empfinden für soziale Gerechtigkeit, welches sich z. B. in dem Zinsverbot der katholischen Kirche ausdrückt, anzuerkennen ist, so wirkungslos, ja schädlich, sind alle derartigen Angriffe auf den Zins bisher gewesen.

Und wenn heute wieder durch ein Gesetz der Zins verboten würde, so könnte sich morgen jedermann davon überzeugen, daß unser, aus dem grauen Altertum stammendes Geld, sich ganz und gar n i c h t zum modernen Tauschmittel eignet, Es würde sich sofort auf seine Vorzüge als Spar- und Schatzmittel besinnen und sich vom Markt und aus dein Verkehr zurückziehen, die Volkswirtschaft aber ihrem Schicksal überlassen.

Wer hätte denn auch nach Fortfall des Zinses noch ein Interesse daran, seine Ersparnisse oder seine sonstigen Geldüberschüsse aus der Hand zu geben; im Gegenteil würde jeder bemüht sein, alle Guthaben und Forderungen möglichst bald einzukassieren, das in seinen Besitz gelangte Geld dann aber n i c h t wieder in Form von Darlehen oder Kapitalanlagen aller Art in Umlauf zu setzen, sondern es festhalten, einschließen — also einen „Schatz" anlegen. Die Funktionen der öffentlichen Sparkassen und der Banken als Kreditinstitute würden aufhören, denn die Sparer hätten ebensowenig Veranlassung, ihr Geld in Umlauf zu setzen, wie heute ein Grundbesitzer den Boden, den er nicht persönlich benutzen kann, anderen ohne Entgelt überläßt. Und die Kreditinstitute hätten ja auch keine Veranlassung, Spargelder und Depositen anzunehmen, an denen sie nichts verdienen können, denn ihre Existenz beruht ja nur auf der Differenz des Zinssatzes, den sie selbst den Sparern zahlen und demjenigen, den sie ihrerseits für Darlehen, Wechselkredite usw. verlangen.

Karl Marx nennt es „abgeschmackt und inhaltlos, wollte man vermittels eines Umweges d e n s e l b e n Geldwert gegen denselben Geldwert austauschen." („Das Kapital", 6. Aufl, S. 110), und fährt fort: „Ungleich einfacher und sicherer bliebe die Methode des Schatzbildners, der seine 100 Pfund Sterling festhält, statt sie der Zirkulationsgefahr preiszugeben."

Hier verwischt Marx übrigens die Natur des Zinses, indem er ihn von der Cirkulationsgefahr ableitet. Diese Gefahr findet jedoch in der „Risikoprämie" des jeweiligen Zinsfußes ihren Aufdruck die absolut n i c h t s mit dem eigentlichen Zins zu tun hat.

Es wurde hier bereits darauf hingewiesen, daß bei einem Wechselumlauf von etwa 40 Milliarden jährlich und einem Geldbestand von insgesamt etwa 8 Milliarden leicht auszurechnen ist, daß die Banken durch bloße Verweigerung des Wechselkredites in weniger als drei Monaten alles bare Geld durch einkassieren der in ihren Händen befindlichen fällig werdenden Wechsel aus dem Verkehr ziehen könnten. Und da angesichts der weitgehenden

Kreditwirtschaft gar keine Aussicht bestände, daß das vorhandene Bargeld ausreichen würde, alle Gläubiger zu befriedigen[18], so würde es jeder eilig haben, sich sein Guthaben so schnell als möglich auszahlen zu lassen, so daß im Handumdrehen alle Tresors und Geldschränke der Banken und Sparkassen leer sein würden, während das aus dem Verkehr gerissene Geld sich in Strümpfen, Beuteln, Kassetten, Strohsäcken, Kellern und Kasten verstecken wurde. Die ganze Volkswirtschaft stände still und Millionen von Existenzen würden unmöglich werden.

Aber es erübrigt sich, die Folgen eines Zinsverbotes hier weiter auszumalen. Ein derartiges Gesetz wird niemals kommen, denn jeder Staat, der bei dem heutigen Geldwesen etwas derartiges unternehmen wollte, würde sich selbst zugrunde richten. Wir haben gesehen, daß sogar im Kriege die mächtigsten Staaten der Welt den Zins respektieren. Die zinszeugende Macht des Geldes hat sich noch immer stärker erwiesen als alle sonstigen Gewalten. Und wenn man auch ohne weiteres voraussetzen dürfte, daß man von Seiten etwaiger zinsfeindlicher Gesetzgeber mit aller Vorsicht zu Werke gehen und z. B. Umfang und Frist für die Kündigung von Guthaben festlegen würde, um statt eines plötzlichen Zusammenbruches einen allmählichen Abbau zu erzielen, so würden die oben angedeuteten Wirkungen trotzdem eben so sicher eintreten.

Was vor vielen Jahrhunderten, selbst der damals allmächtigen katholischen Kirche nicht gelang, obwohl damals das Kreditsystem noch wenig entwickelt war und die Volkswirtschaft noch in den Kinderschuhen steckte, das wird im Zeitalter des modernen Kapitalismus noch viel weniger gelingen. Das Zinsverbot der Päpste (z. B. Clemens V. auf dem Conzil zu Vienne 1311) prallte wirkungslos an der Macht des Geldes ab, d. h., es wurde zwar kein Zins gefordert —, es war aber auch kein nennenswerter, volkswirtschaftlicher Geldumlauf vorhanden, weil eben niemand das in seinen Besitz gelangte Geld zinsfrei anbot.

---

[18] Aus dem ungeheuren Mißverhältnis zwischen dem überhaupt vorhandenen baren Gelde und den bestehenden Geldforderungen läßt sich eigentlich schon erkennen, daß der einzelne Staatsbürger nur ein Recht auf die B e n u t z u n g des Geldes als Tausch- und Zahlmittel — nicht aber ein Eigentumsrecht auf das Geld selbst haben kann. Wo bleibt da übrigens der „feste innere Wert" des Geldes?

Das ganze sogenannte Mittelalter stand infolgedessen im Zeichen einer Jahrhunderte andauernden Wirtschaftskrise, wodurch die ganze Kulturentwicklung gehemmt wurde[19]. Erst die Entdeckung Amerikas und das von dorther kommende Silber (als Geldstoff!) gab einen neuen, gewaltigen Anstoß für die Geldwirtschaft und die Arbeitsteilung, für Handel und Verkehr, der nur so mächtig werden konnte, weil die großen Handelshäuser (z. B. die Fugger, Welser u. a.) sich einfach nicht mehr um das päpstliche Zinsverbot kümmerten.

Und dieser Macht des Geldes sind sich die Geldinhaber und -Beherrscher aller Zeiten bewußt gewesen und sind es noch heute. „Geld bringt Zinsen", lautet ihre sehr einfache Weisheit; aber sie genügt um dem, der über eine gewisse Geldsumme verfügt, ein Leben o h n e A r b e i t a u f K o s t e n a n d e r e r zu verschaffen. Und so lange das Geld sich als Spar- und Schatzmittel besser eignet, als alle anderen Dinge, so lange wird es sich diese Ueberlegenheit, diese Ausnahmestellung nutzbar machen und nur unter der Bedingung des Zinses seinen Zweck des Warenaustausches erfüllen.

Aber weil man nach dem Vorbild des aus dem grauen Altertum überlieferten Geldes, eine „ U e b e r - W a r e ", ein Spar- und Schatzmittel zum Tauschmittel gemacht hat, deshalb sind alle anderen Waren, ebenso wie die Arbeitskraft, ihm gegenüber immer im Nachteil, immer seiner Willkür, seinen Zins-Interessen, schutzlos preisgegeben. Da es — wie wir gesehen haben — die Produktion und den Austausch aller Güter absolut beherrscht, so hat **dieses** Geld auch die Macht, allen Anfeindungen zum Trotz auf seinen Tribut zu bestehen und jeden Angriff auf seinen Sprößling — den Zins — an der Volkswirtschaft zu rächen.

Es wäre also ein ganz vergebliches Bemühen und obendrein sogar ein gefährliches Unterfangen, den Zins mit irgendwelchen Gewaltmitteln, Gesetzen und Verboten bekämpfen zu wollen.

---

[19] Die kulturelle und wirtschaftliche Rückständigkeit der mohammedanischen Länder scheint mir zum großen Teil ebenfalls auf dem für die Mohammedaner bestehenden Zinsverbot zu beruhen, obwohl hier auch noch andere Ursachen mitwirken.

Zweiter Teil

I.

Voraussetzungen für die Reform des Geldwesens

Wer meinen Ausführungen bis hierher gefolgt ist und die Bedeutung der Zinsfrage begriffen hat, der wird — sofern er nicht selbst am Zins interessiert ist und er dieses Interesse höher einschätzt als sein Gerechtigkeits-Bedürfnis — ebenso ein Feind des Zinses sein, wie wir es sind. Allerdings glaubt vielleicht mancher, am Zins interessiert zu sein, weil er 5, 10, 100 oder gar 500 Mark Zinsen im Jahre aus seinen Ersparnissen bezieht. Dies ist ja aber gerade das Erschwerende, daß das Kapital mit solch kleinen, elenden Bestechungsgeldern auch diejenigen ködert und vor seinen Wagen spannt, die es bei alledem mehr schädigt, als es ihnen nutzt. Das privatwirtschaftliche Interesse f ü r oder g e g e n den Zins ist zwar nicht zahlenmäßig zu berechnen; aber ein jeder, der heute den größten Teil seines Einkommens durch körperliche oder geistige Arbeit verdient, kann nur gewinnen, wenn der Zins aus der Volkswirtschaft verschwindet.

Der Zins kann aber nicht bekämpft werden, wenn das herkömmliche Geldwesen, auf dem er beruht, weiter bestehen bleibt. Dies eben war der verhängnisvolle Irrtum all derjenigen, die es bisher versucht haben, dem Zins beizukommen. Niemand — außer Silvio Gesell[20] — hat bisher die Ursache des Zinses richtig erkannt und darum hat auch keiner ein wirksames Mittel zu seiner Bekämpfung gefunden!

Sie alle, von den Päpsten bis zu den Sozialisten, richteten ihr Augenmerk immer nur auf die Wirkung (den Zins), anstatt auf die Ursache (das Geld). Wollen wir aber die Wirkung nicht haben, so müssen wir die Ursache beseitigen, dann fällt die Wirkung von selbst fort.

---

[20] Silvio Gesell: „Die neue Lehre vom Geld und Zins" (Physiokratischer Verlag, Berlin-Lichterfelde, Ringstr. 49.) Preis 2,50 M.

Wir haben gesellen, daß die Ursache des Zins-Unfugs darin besteht, daß das kapitalistische Geld infolge seiner Ausnahmestellung und Beschaffenheit sich nicht für seinen Zweck, den Güteraustausch, eignet. Indem es zugleich als Spar- oder Schatzmittel mißbraucht werden kann, dient es in e r s t e r Linie dem Zins — also der Erlangung eines unverdienten, arbeitlosen Einkommens — seitens seiner Besitzer und Beherrscher.

Unter Beeinträchtigung und Schädigung seines volkswirtschaftlichen Zweckes, der einzig und allein im glatten Güteraustausch zu bestehen hat, dient es somit privatem Mißbrauch.

Soll aber der Austausch der Güter (Waren und Arbeitsleistungen) glatt, d. h., ohne irgendwelches „Aufgeld", ohne jede „Extra-Entschädigung" schnell, sicher und ohne Unterbrechung vor sich gehen, so müssen wir dem Gelde eben seine Ausnahmestellung nehmen. Und da dieselbe wiederum auf den Vorzügen beruht, die das herkömmliche Geld durch seine Beschaffenheit gegenüber den Waren und der Arbeitskraft hat, so müssen wir diese seine Beschaffenheit dahin abändern, daß es seine bisherigen Vorzüge einbüßt. Denn jeder Vorzug beim Geld ist ein Nachteil für die Ware — und für die sie erzeugende Arbeit.

Um die Volkswirtschaft von der Tyrannei des Geldes einfür allemal zu befreien, müssen wir d a s G e l d a u f d i e R a n g s t u f e v o n W a r e u n d A r b e i t h e r a b - s e t z e n , damit es sich ebenso dringend und beständig anbietet, sich der Produktion und dem Güteraustausch ebenso bereitwillig zur Verfügung stellen muß, wie Ware und Arbeit es ihrerseits auch aus Gründen ihrer natürlichen Beschaffenheit tun müssen. E i n e n T y r a n n e n k ö n n e n w i r n i c h t a l s V e r m i t t l e r d e s A u s t a u s c h e s u n s e r e r P r o d u k t e u n d L e i s t u n g e n g e b r a u c h e n !

Die ganze Volkswirtschaft beruht auf der Gegenseitigkeit des Austausches, alle müssen sich gegenseitig dienen, um ihre Bedürfnisse wechselseitig befriedigen zu können:

Wo aber alle dienen, soll da das Geld herrschen?

Wenn das Geld seinen Zweck als T a u s c h m i t t e l zuverlässig und einwandfrei erfüllen soll, ohne die Interessen der Arbeit zu schädigen, so kann und darf es nicht zugleich auch als

Spar- und Schatzmittel zu gebrauchen sein, denn dadurch wird es zum Ausbeutungs- und Erpressungsmittel.

A l s   T a u s c h m i t t e l   m ü s s e n   w i r   v o m G e l d e   d e n   b e s t ä n d i g e n   g l e i c h m ä ß i g e n U m l a u f   u n t e r   a l l e n   U m s t ä n d e n   v e r - l a n g e n !

Wir haben aber gesehen, daß es als Spar- und Schatzmittel ein e n t g e g e n g e s e t z t e s Bestreben hat, denn nur auf der Möglichkeit einer S p e r r u n g seines Umlaufes beruht ja die Kapitaleigenschaft des Geldes und somit auch der Zins. Als T a u s c h m i t t e l soll das Geld umlaufen, von Hand zu Hand gehen; als Sparmittel — oder sagen wir lieber gleich „Sperrmittel" — soll es dagegen bei uns bleiben, still im Kasten liegen, l'nd wir lassen es nur wieder los, weil uns ein dauerndes „Lösegeld" (Zins) dafür geboten wird.

H i e r   —   i n   d i e s e m   D o p p e l c h a r a k t e r —   l i e g t   e b e n   d e r   g r o ß e   v o l k s w i r t - s c h a f t l i c h e   F e h l e r   u n s e r e s   G e l d e s !

Wie es schon in der Bibel heißt: „Niemand kann zween Herren dienen", so kann auch das Geld nicht zwei v o l l - s t ä n d i g   e n t g e g e n g e s e t z t e n   Z w e c k e n zu- gleich dienen. Darum müssen wir ihm seinen D o p p e l - c h a r a k t e r nehmen, um es zur Erfüllung seiner Aufgabe als eines öffentlichen Tauschmittels geeignet zu machen!

Wer sparen oder Schätze sammeln will, der mag es immer- hin tun; die Güter und Herrlichkeiten der ganzen Welt stehen ihm zur Verfügung, aber v o m   L e b e n s n e r v   d e r   V o l k s - w i r t s c h a f t   —   v o m   G e l d e   —   s o l l   e r   s e i - n e   H ä n d e   l a s s e n !

Da uns aber die Erfahrung von Jahrtausenden gelehrt hat, daß alle Machtmittel, ebensowenig wie alle Moralpredigt, es bisher vermocht haben, dem obigen Gebot der Volkswirtschaft Gehorsam zu verschaffen, so müssen wir das G e l d   d e r   Z u k u n f t so gestalten, daß es infolge seiner veränderten Beschaffenheit seine Inhaber z w i n g t , ihre volkswirtschaftliche Pflicht zu erfüllen und jeden Mißbrauch selbständig verhindert.

Wer seine eigenen Produkte oder Leistungen an andere gegen Geld eingetauscht hat, der soll auch den anderen wiederum die Möglichkeit geben, ihre Produkte gegen Geld einzutauschen, dies ist nicht nur ein Gebot der Gerechtigkeit, sondern auch die

Voraussetzung des Güteraustausches und der Volkswirtschaft über-haupt. Wer aber zwar seine eigenen Produkte absetzen will, andere aber durch Mißbrauch des in seinen Besitz gelangten Geldes daran verhindert — der verdient Strafe.

Und Silvio Gesell hat ein Geld erfunden, welches jeden Geld-Inhaber nicht nur zwingt, seine volkswirtschaftliche Pflicht zu erfüllen, sondern ihn auch im Falle der Widersetzlichkeit und etwaigen Mißbrauchen automatisch und gerecht bestraft.

Dies neue Geld, welches als ein Papiergeld ohne irgend-welche sogenannte „Metalldeckung" gedacht ist und — wie der nachstehende Entwurf zeigt — einen beständigen Verlust erleidet,

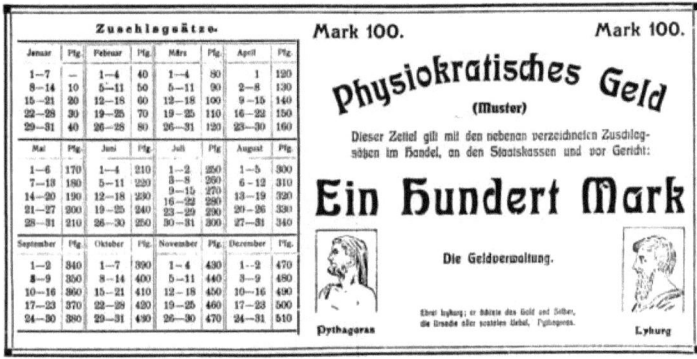

nennen wir zum Unterschiede von dem heutigen kapitalistischen Geld, das physiokratische Geld[21].

Während man bisher in allen Staaten der Welt ausnahmslos bemüht war, ein immer „besseres", d. h., für die Kapitalisten be-gehrenswerteres Geld zu schaffen, ein Bestreben, welches z. B. der sogenannten Goldwährung zugrunde liegt, wollen wir — wie man hier sieht, ein Geld einführen, welches immer schlechter und „wertloser" für seinen Besitzer wird, ein Geld, welches also

---

[21] Den wissenschaftlichen Nachweis für die Möglichkeit und die Durch-führbarkeit eines Papiergeldes, welches — wie das hier bemusterte — keinerlei Metalldeckung bedarf und allen bisherigen Geldarten vorzuziehen ist. enthält das Werk von Silvio Gesell: Die neue Lehre vom Geld und Zins. Physiokratischer Verlag, Berlin-Lichterfelde, Ringstraße 49) Für den Buchhandel durch Bernhard Hermann. Leipzig, Preis 2,50 M.

schließlich ebenso „verdirbt" wie alle Produkte menschlicher Arbeit verderben, wenn es seinen Zweck des ununterbrochenen Güteraustausches nicht erfüllt, nicht beständig zirkuliert und durch fortwahrendes Angebot im Umlauf gehalten wird.

Und wir sind überzeugt davon, daß dieses Geld alle die hier aufgedeckten Uebel für immer beseitigen würde.

II.
Das physiokratische Geld und seine öffentliche Verwaltung.

Im Gegensatz zum bisherigen kapitalistischen Gelde, welches auf künstliche Weise den natürlichen Gesetzen des Verfalles und der Zersetzung, denen alle anderen Produkte unterliegen, entrückt ist[22], unterliegt das p h y s i o k r a t i s c h e Geld denselben natürlichen Gesetzen wie Ware und Arbeit. (Physis = Natur, kratie = Herrschaft: Physiokratie = Naturherrschaft).

Das physiokratische Geld erleidet einen beständigen Verlust, dessen Höhe hier b e i s p i e l s w e i s e mit 5% jährlich angenommen ist, der sich aber je nach Erfahrung und Zweckmäßigkeit auch höher festsetzen läßt.

Der Zweck des Kursverlustes ist ein doppelter: einmal wird dem Gelde dadurch seine bisherige Uebermacht und damit die Möglichkeit genommen, die Volkswirtschaft zu tyrannisieren; sodann bietet es aber auch für das (zu errichtende) R e i c h s - G e l d a m t die einzige Handhabe, zu einer zweckmäßigen währungstechnischen Verwaltung des Geldes, an der es bisher noch in allen Staaten mangelt (man lese die Erklärung auf dem beigehefteten Geldmuster).

U n d   a m   E n d e   d e r   v i e l e n   s e g e n s - r e i c h e n   W i r k u n g e n   d i e s e r   G e l d r e f o r m   w i n k t   u n s   d i e   E r l ö s u n g   v o n   d e r   u n - e r h ö r t e n   Z i n s k n e c h t s c h a f t .

---

[22] Das Gold würde zwar — auch wenn es nicht Geld wäre — a l s   e i n - z i g e   A u s n a h m e   unter allen Waren, nicht dem gewöhnlichen Zersetzungsprozeß unterliegen. Sein Preis würde jedoch, ähnlich dem des Silbers, sehr großen Schwankungen unterliegen, sobald das Gold nicht mehr die Grundlage des Geldes bilden würde. Nur solange es zugleich auch den Stoff für das Geld darstellt, eignet es sich zum Schatzmittel.

Wer das physiokratische Geld in die Hand bekommt, wird gewiß nicht lange darüber im Zweifel sein, daß es sich nicht zum Zurückhalten und Aufbewahren eignet, es brennt ihm förmlich in den Händen, denn je langer er dieses Geld behält, um so größer ist der Schaden, den er erleidet. Und je größer die Geldsumme ist, die sich in den Geldschränken der Kapitalisten, Sparkassen und Banken befindet, um so größer ist auch die Verlustsumme, die sie im Falle einer Zurückhaltung des Geldes zu tragen hätten.

Die I n h a b e r dieses Geldes hätten also alle Ursache, dasselbe nunmehr möglichst schnell wieder in Umlauf zu setzen, sei es durch sofortige Bezahlung von Schulden, Gewährung von Darlehen, durch Diskontierung vor. Wechseln, sei es durch Anlage in landwirtschaftlichen und industriellen Unternehmungen oder im Handel.

Man sieht also sofort, daß das physiokratische Geld sich nicht — wie das kapitalistische — aufs „hohe Pferd" setzen und seinen Umlauf von einem Tribut abhängig machen —, daß es nicht „warten" kann. Um dem beständigen Kursverlust zu entgehen, muß es sich ebenso unaufhörlich anbieten, wie Ware und Arbeitskraft; ebenso wie diese unterliegt es nunmehr einem f o r t - w ä h r e n d e n A n g e b o t s z w a n g e .

Das Ziel der öffentlichen Geldverwaltung hätte nun zunächst darin zu bestehen, sowohl die M e n g e als auch die S c h n e l l i g k e i t des Geldumlaufes derartig zu regeln, daß das bisher unsichere, schwankende Verhältnis zwischen Angebot und Nachfrage auf dem Warenmarkt beseitigt würde. Der Beweis, daß dies erreicht ist. würde darin zu bestehen haben, daß die Durchschnitts-Warenpreise f e s t bleiben. Zeigt sich bei der diesbezüglichen Ermittelung ein Sinken der Preise, so hat die Geldverwaltung m e h r Geld in Umlauf zu setzen; steigen die Preise jedoch, so ist Geld e i n z u z i e h e n [23]. Zeigt sich dann trotz gewissenhafter Anpassung der Geldmenge an die Warenpreise (heute müssen sich umgekehrt die Warenpreise der Geldmenge

---

[23] Praktische Vorschläge über die Mittel und Wege, welche die öffentliche Geldverwaltung (Reichs-Geldamt oder Reichs-Währungsamt) beim Einzug oder bei vermehrter Ausgabe von Geld einzuschlagen hätte, finden sich in der Schrift: „Aktive Währungspolitik" von Silvio Gesell und Ernst Frankfurth, Physiokratischer Verlag, Berlin-Lichterfelde) Preis 1,20 M. Für den Buchhandel Bernh. Hermann, Leipzig.

anpassen!) nicht der gewünschte Erfolg, so wäre dies ein Beweis dafür, daß der Kursverlust des Geldes nicht hoch genug ist, um das in Umlauf gesetzte Geld in unaufhaltsamer, gleichmäßiger Zirkulation zu erhalten, daß also der durch die Beeinflussung oder Ausnutzung der Konjunktur zu erwartende Vorteil größer ist, als der Kursverlust, der die betreffenden Kapitalisten, Spekulanten und Sparer trifft, wenn sie große Mengen Geldes zeitweilig zurückhalten. In diesem Falle wäre der Kursverlust des Geldes soweit zu erhöhen, daß es nicht nur in seiner g a n z e n Masse, sondern auch mit größtmöglichster S c h n e l l i g k e i t um- und umläuft, daß weder Spekulation noch irgendwelche persönlichen, politischen oder sonstigen Interessen diesen Umlauf hemmen können, daß es jeden Widerstand niederschlägt. Nur so ist ein d a u e r n d   f e s t e s   V e r h ä l t n i s zwischen Angebot und Nachfrage — sind feste Preise und eine feste, zuverlässige Währung zu erzielen.

Allgemeine Preisschwankungen (Konjunkturen). Absatzstockungen, Arbeitslosigkeit, Wirtschaftskrisen könnten nicht mehr eintreten, solange das Geldamt wacht und das Geld rast- und restlos umläuft. Wer heute ein Darlehn gibt, braucht nicht zu befürchten, daß dasselbe durch eine Hochkonjunktur in einigen Jahren auf die Hälfte seines materiellen Inhaltes zusammenschrumpft. Der Schuldner braucht nicht — wie die Landwirte seinerzeit — zu befürchten, daß der materielle Inhalt seiner Schuld durch einen allgemeinen Preisfall der Produkte (Baisse) verdoppelt wird. Nach einem — nach fünf — nach zehn Jahren könnten Gläubiger und Schuldner auf dem Markt des Landes für eine bestimmte Geldsumme immer ein gleichgroßes Quantum an Waren und Gütern kaufen oder verkaufen, keiner wäre betrogen — keiner hätte Vorteile auf Kosten des anderen.

Und der Handel würde zwar keine Spekulationsgewinne mehr abwerfen, keiner Börsenjobberei mehr eine Handhabe bieten — aber auch kein Kaufmann, kein Unternehmer hätte den unverschuldeten Bankerott durch eine Entwertung seines Warenlagers oder seines Unternehmens infolge irgendwelcher Währungspfuschereien zu fürchten. Die physiokratische Währung erst würde w i r k l i c h „währen" und ehrliche, feste und sichere Grundlagen schaffen.

III.
Das Sparen und die Unentgeltlichkeit des volkswirtschaftlichen Kredites.

Aber noch viel Größeres, Gewaltigeres würde unsere Geldreform vollbringen:

Da das Reformgeld sich nicht zum Aufsparen oder Schätzesammeln eignet, weil es — zwar nicht von Motten und Rost — wohl aber vom Kursverlust gefressen wird, so eilt es von Hand zu Hand und niemand kann sich einen Geldvorrat ohne Verlust hinlegen.

„Aber wovon soll man denn in Zeiten der Erholung, der Ausbildung, der Krankheit und des Alters, oder auf Reisen leben, wenn keiner mehr sparen kann, damit er vor Not und Mangel geschützt ist", wird wohl jeder Leser bereits bei sich gedacht haben. Nun, wir erwarten keineswegs, daß sich jeder zehn Paar Stiefel, hundert Kravatten und dergleichen kauft, um nur sein Geld loszuwerden.

Das Sparen soll durch das physiokratische Geld keineswegs unterbunden, sondern für die Mehrzahl der Bevölkerung überhaupt erst in größerem Maßstabe ermöglicht werden. Alle, die heute nur „von der Hand in den Mund" leben und infolge der beständigen kapitalistischen Ausbeutung trotz aller Arbeit nicht zum „Sparen" kommen, **werden dann weit mehr alt das Doppelte** ihres heutigen Arbeitsertrages als Lohn erhalten und dementsprechend — bei gleichbleibender Lebenshaltung — die Hälfte oder zwei Drittel ihres Jahresverdienstes sparen können. Es kommt den Arbeitenden aller Berufe und Stände ja nicht nur der Fortfall der riesigen Zinslasten zugute, die heute etwa die Hälfte ihres Arbeitsertrages verschlingen, sondern auch der Vorteil, daß sie nie mehr unverschuldeter Arbeitslosigkeit ausgesetzt sind und daß der Austausch ihrer Produkte mit viel geringeren Handelsspesen belastet sein wird, als heute.

Und die anderen, denen es selbst heute gelingt, von ihrem Arbeitsertrage etwas zu sparen, werden dann eben entsprechend mehr sparen können, als bisher.

Nur zweierlei wird unmöglich werden: Bares Geld wird niemand aus dem Verkehr zurückhalten können — und infolgedessen wird auch niemand für seine Ersparnisse Zinsen bekommen, wenn er sie — in Form von Bank- oder Sparkassengeldern, Darlehen oder Unternehmungen in Umlauf setzt. Daß aber trotzdem jeder, dessen Einkommen nicht zur Hauptsache aus Zinsen, sondern aus seiner Arbeit fließt, nur viel gewinnen kann, wurde bereits erwähnt und wird noch weiterhin klar werden.

Auch hinsichtlich des Sparens müssen wir auf die n a t ü r l i c h e n Verhältnisse zurückgreifen, die durch das bisherige Geldwesen derartig verdunkelt werden, daß sie – obwohl es sich um Selbstverständlichkeiten handelt — gänzlich in Vergessenheit geraten sind. Wie könnte sonst jemand aus einem ersparten Gut, welches er jahrelang nicht oder überhaupt nie gebraucht, statt eines Verlustes einen Vorteil (Zins) erwarten? Nur beim Gelde erscheint dies als selbstverständlich, und wir haben im ersten Teil dieser Schrift gesehen, w a r u m .

Ganz anders gestaltet sich aber das Verhältnis zwischen den Darlehnsgebem (Sparer, Kapitalisten, Gläubiger) und den Darlehnsnehmern (Konsumenten, Mieter, Arbeiter, Schuldner), sobald wir n i c h t das herkömmliche Geld als Gegenstand des Sparens und des Darlehens annehmen, sondern irgendeins unserer A r b e i t s p r o d u k t e . Und wenn wir beim Sparen und Schätzesamineln aus den vorher angegebenen Gründen die Hände vom Gelde lassen sollen, oder sich das Geld — wie wir es wünschen — nicht mehr aufbewahren läßt, so bleiben eben n u r Arbeitsprodukte als überschüssige Rücklagen übrig [24].

Man stelle sich nun einmal vor, ob irgendein Produzent, der mehr Güter erzeugt hat, als er gegenwärtig verbraucht und der dieselben einem anderen leiht, um sie später einmal bei eigenem Bedarf zurückzuverlangen — dafür eine Entschädigung verlangen kann. Wenn er es versucht, würde ihm der andere entgegnen: Du kannst zufrieden sein, daß ich dir deine überschüssigen Produkte, für die du selbst keine Verwendung hattest, und die dir sonst un-

---

[24] Vom Erdboden und seinen Naturschätzen können wir hier unbeschadet der weiteren Beweisführung absehen, um das Verständnis nicht zu erschweren Um ein etwaiges „Aufsparen" (Zurückhalten) von Erdboden und Naturschätzen zu verhindern, müßte die Geldreform durch die von uns gleichfalls erstrebte Grundbesitz-Reform ergänzt werden.

genutzt verdorben wären, abgenommen habe, ganz gleich, ob ich davon Vorteil oder Nachteil hatte. Die Hauptsache für dich ist doch die, daß du dich dadurch vor Verlusten schützen konntest, und deine Ersparnisse wohlbehalten in gleicher Menge und Beschaffenheit zurückbekommst, wenn du sie später gebrauchst.

Und da fast jeder Produzent bedeutend mehr Produkte hervorbringt, als er gegenwärtig gebraucht, und da die Verderblichkeit derselben ein längeres Aufbewahren nicht gestattet, so würde auch das Angebot solchen „Real-Kredites" bald so groß sein, daß die Nachfrage immer gedeckt wäre.

Es läge ja im eigenen Interesse der Besitzer überflüssiger Arbeitsprodukte, sie einstweilen an andere zu verleihen, um sie später ohne Schaden und in neuem Zustande (z. B. Saatgut, Maschinen, Waren usw.) zur Verfügung zu haben.

Das Angebot von derartigen Leihgütern würde ohne jede Einschränkung immer den ganzen Vorrat, die gesamten Ueberschüsse umfassen. Da sich aber keiner der Gefahr aussetzen würde, etwa keinen Abnehmer für sein Leihgut zu finden, so würden die Darlehnsgeber (Sparer) den Darlehnsnehmern möglichst entgegenkommen und ihr Leihgut auch ohne besondere Leihgebühr (Zins) abgeben, sobald überhaupt nur die M ö g l i c h - k e i t   e i n e s   A u s g l e i c h e s   v o n   A n g e b o t   u n d   N a c h f r a g e droht. Sie fahren trotzdem gar nicht schlecht dabei und haben insofern noch einen Vorteil, als sie durch das Verleihen ihre überschüssigen Produkte gleichsam „konservieren" und so zu einer Zeit wo dieselben sonst längst verdorben wären, sich bei Bedarf in den Besitz einer gleichen Menge brauchbarer, unverdorbener Dinge setzen können. Natürlich könnten die Sparer (Kapitalisten) dann nicht durch ihre Ersparnisse auf Kosten anderer leben, ohne die Ersparnisse selbst anzugreifen, sondern sie müßten diese entweder allmählich aufzehren oder sich durch eigene Arbeit ernähren.

D i e   n a t ü r l i c h e   G r u n d l a g e   j e d e s   K r e d i t v e r h ä l t n i s s e s   i s t   a l s o   d i e   V e r - l e i h u n g   e r a r b e i t e t e r   U e b e r s c h ü s s e   z w e c k s   m ö g l i c h s t   s c h a d l o s e r   A u f b e - w a h r u n g   z u   s p ä t e r e m   G e b r a u c h .

Darlehnsgeber und -Nehmer sind dadurch aufeinander angewiesen und ergänzen sich gegenseitig insofern, als dem Darlehnsgeber (Sparer) ein s p ä t e r e s Gut lieber ist, als ein g e g e n w ä r t i g e s , für das er selbst augenblicklich weder Bedarf noch Verwendung hat, während dem Darlehnsnehmer (Schuldner) ein g e g e n w ä r t i g e s Gut lieber ist, als ein k ü n f t i g e s , da er es nur vorübergehend gebraucht oder später selbst im Besitze eines solchen sein wird, während es ihm gegenwärtig fehlt.

Durch den Kredit ist also beiden geholfen; Ueberfluß und Mangel gleichen sich z e i t l i c h und zweckmäßig aus, zum Nutzen der Privat- und Volkswirtschaft und der gesamten Kultur.

Die Interessen der Darlehnsgeber (Sparer, Kapitalisten) und die der Darlehnsnehmer (als Arbeiter, Konsumenten, Mieter usw.) fallen stets zusammen, sobald alle Ersparnisse nur aus A r b e i t s - p r o d u k t e n bestehen würden.

In heutigem barem Gelde könnte jeder beliebig große Summen aufsparen und nach Belieben allmählich selbst verbrauchen. Legt er dies Geld jedoch in einem anderen Objekt an, so ist er auch sofort auf die Darlehnsnehmer angewiesen. Was will er selbst z. B. mit einem Schiff, einem Bergwerk, einer Mietskaserne oder einem Warenlager anfangen: er ist gezwungen, diese Dinge anderen zur Verfügung zu stellen, um seine Ersparnisse wieder zu Geld zu machen und sie nach Bedarf und Belieben verzehren zu können, auch wenn er keinen Zins mehr dabei erheben konnte.

Und die anderen (die Darlehnsnehmer), die übrigens garnicht immer ärmer als der Darlehnsgeber zu sein brauchen, sind auf ihn angewiesen, weil es für sie wirtschaftlich zweckmäßiger und vorteilhafter ist, in solchen Dingen, die der einzelne nur z e i t w e i l i g , t e i l w e i s e o d e r i n g e r i n g e n M e n g e n gebraucht (z. B. Schilfe, Häuser, Warenlager usw.) den volkswirtschaftlichen Kredit, den die Sparer in Gestalt dieser Dinge gewähren, in Anspruch zu nehmen, statt sie sich selbst anzuschaffen, auch wenn sie vermögend genug dazu waren. Der natürliche v o m G e l d e u n b e e i n f l u ß t e Zweck des Kredites besteht also n i c h t i n d e r V e r z i n s u n g , sondern im zeitlichen Ausgleich von Mangel und Ueberfluß und zugleich auch in einem ökonomisch vorteilhaften Austausch ersparter Ueberschüsse an Arbeitsprodukten.

Und dieses hier geschilderte, n a t ü r l i c h e Gegenseitigkeits-Verhältnis zwischen Kreditgeber und Kreditnehmer wird durch das physiokratische Geld herbeigeführt. Es bewirkt, — ebenso wie die aus Arbeitsprodukten bestehenden Leihgüter — den unbehinderten Ausgleich von Angebot und Nachfrage auf dem Darlehensmarkt und eröffnet uns somit die Möglichkeit der U n e n t g e l t l i c h k e i t d e s K r e d i t s , gleichviel, ob es sich um Gelddarlehen oder um ehemals „Realkapital" genannten Besitz, oder um Waren, handelt.

Sowohl bei geliehenem Gelde, wie auch bei der Benutzung von geliehenen (gemieteten) Wohnhäusern, Produktionsmitteln, Bahnen, Schiffen usw., ebenso wie bei der Produktion und beim Austausch der Waren, würde alsdann der Z i n s allmählich in Wegfall kommen. Und was dies praktisch bedeutet, haben wir ja bereits in den vorhergehenden Ausführungen kennen gelernt.

Das heutige Geld steht aber einer solchen natürlichen Ordnung der Dinge vermöge seiner Uebermacht im Wege. Da sein Besitzer, nachdem er seine Produkte oder Leistungen zu Geld gemacht hat, es nunmehr in der Hand hat, ob er die in Geldform erübrigten Ersparnisse wieder in irgendeiner Form (also immer als volkswirtschaftlichen Kredit) in den Verkehr bringen will oder nicht, so kann er eben die übliche Zinsrate dadurch erpressen, daß er mit seinem Geld-Angebot immer hinter der Nachfrage zurückbleibt.

Beständen seine ersparten Ueberschusse jedoch in physiokratischem Gelde, so könnte er dies ebensowenig, als wenn sie in seinen eigenen Arbeitsprodukten beständen, denn diesem Gelde haftet ja infolge seines fortwährenden Kursverlustes derselbe Angebotszwang an, wie der Arbeitskraft, den Waren, und Produktionsmitteln, deren Angebot — wenn sie einmal erzeugt sind — ja auch nicht vom Belieben abhängt. Kein Sparer, kein Kapitalist, keine Bank kann das Angebot oder die Zirkulation des physiokratischen Geldes einschränken, unterbrechen oder zurückhalten, ohne sich selbst dadurch m e h r zu schaden, als wenn sie es zinslos verleihen oder in irgend welchen Unternehmungen sicher anlegen würden.

U n d d i e s e s b e s t ä n d i g e G e l d a n g e b o t u n d d e r d a m i t z u s a m m e n f a l l e n d e u n - g e s t ö r t e V o l l b e t r i e b d e r V o l k s w i r t - s c h a f t f ü h r t s c h l i e ß l i c h d a s G l e i c h - g e w i c h t z w i s c h e n A n g e b o t u n d N a c h - f r a g e a u f d e m D a r l e h n s - u n d K a p i t a l - m a r k t h e r b e i , w e l c h e s s i c h i n e i n e m

b e s t ä n d i g   s i n k e n d e n   Z i n s f u ß e   b i s   a u f
N u l l - P r o z e n t ,   a l s o   i n   d e r   U n e n t g e l t -
l i c h k e i t ,   (Z i n s f r e i h e i t)   a l l e r   D a r l e h e n
u n d   K r e d i t e   a u s d r ü c k t .

Wer als Unternehmer, Kaufmann, Arbeiter, Fabrikant, Beamter usw. dann Ersparnisse macht, also Geldüberschusse erzielt,
kann gleichwohl niemand dadurch schädigen. Sobald er über-
schauen kann, welcher Betrag über seinen unmittelbaren, persönlichen Bedarf hinaus entbehrlich ist und als Ersparnis in Frage
kommt, wird er diesen Betrag schleunigst — um dem darauf entfallenden Kursverlust zu entgehen — einer Sparkasse oder einer
Bank zur Gutschrift und Verwaltung übergeben. Und die Bank wird
dies Geld nicht zu einem f e s t e n Zinssatz, sondern unter Vorbe-
halt einer Herabsetzung des Zinssatzes — und schließlich überhaupt nur noch u n v e r z i n s l i c h , also zinsfrei, annehmen.

Auch die Bank kann ja das physiokratische Geld nicht mit
Rücksicht auf den Zins, die Dividende oder irgend welche
Rentabilität vom Umlauf, vom Angebot — kurz von der Ausgabe
in irgendeiner Form — zurückhalten, weil sie ja sonst ihrerseits den
Kursverlust zu tragen hätte, der bei den hier in Frage kommenden
großen Summen ganz beträchtlich wäre. Die einzige Möglichkeit,
die ihr übergebenen Ersparnisse und Ueberschüsse vor fort-
währendem Verlust zu schützen, das Vermögen ihrer Gläubiger
also gleichsam zu „konservieren" und in unverändertem Betrage zu
erhalten, bestände auch für sie nur darin, es sofort der Volkswirtschaft wieder zur Verfügung zu stellen. Sie müßte es also ebenfalls
ohne auf einen bestimmten Zinssatz bestehen zu können — und
schließlich z i n s f r e i — für Unternehmungen und Betriebe
aller Art, Bauten, Wechselkredite usw. gegen die üblichen Sicher-
heitsgarantien hergeben, während sie als Rückzahlung bei lang-
fristigen Darlehen die vereinbarte jährliche Tilgungsrate oder nur
die Abnutzungsentschädigung erhalt. Selbstverständlich bleibt der
Einzahler immer Eigentümer der von ihm zum Tageskurse eingezahlten Geldsumme und ist berechtigt, im Falle eigenen Bedarfes
— ganz wie heute — die Rückzahlung eines Teiles oder der ganzen
Summe, je nach Vereinbarung, von der Bank zu verlangen.

Die Zahlungsfähigkeit der Banken und Sparkassen beruht auch dann — ganz wie heute — darauf, daß die einen ihre Ueberschüsse zur Bank bringen, während a n d e r e die ihrigen nach Bedarf zurückfordern, wobei stets als selbstverständlich vorausgesetzt wird, daß niemals etwa alle Sparer ihr eingezahltes Geld g l e i c h z e i t i g gebrauchen. Für gewöhnlich verbraucht man erst im Alter, was man in jüngeren Jahren gespart hat, sehr oft verbrauchen erst die Kinder, was die Eltern erübrigt haben. Im Falle allgemeiner, g l e i c h - z e i t i g e r Zurücknahme der Ersparnisse, würde auch heute jede Bank zahlungsunfähig werden, da die Gesamtersparnisse und Geldforderungen ja das Resultat eines jahrzehntelangen Geldumlaufes, Produktionsprozesses und Güteraustausches sind. Diese Ersparnisse, die allein in Deutschland viele Milliarden betragen, können natürlich niemals auf einmal ausgezahlt werden, weil es ebensoviel Bargeld überhaupt nicht gibt.

Der ganze Unterschied bestünde darin, daß die Sparkassen und Banken dann keinen Zins für Depositengelder und Spareinlagen mehr zahlen würden und es auch nicht k ö n n t e n , weil sie selbst ja ebenfalls keinen Zins mehr einnehmen würden. S i e g e b e n d a n n d i e G e l d e r n i c h t m e h r a u s , u m Z i n s e n o d e r „ D i v i d e n d e n " e i n z u - h e i m s e n , s o n d e r n u m s i c h u n d i h r e K u n d s c h a f t v o r d e m V e r l u s t , d e n s i e s o n s t a n i h r e m G e l d b e s t a n d e e r l e i d e n w ü r d e n , z u s c h ü t z e n .

Mit fortschreitender Wirkung der Geldreform, d. h., wenn der Zinsfuß international immer tiefer und schließlich auf N u l l - P r o z e n t sinkt, wird es sogar dahin kommen, daß die Sparer für die Verwaltung ihrer eingezahlten Gelder eine Entschädigung an die Bank oder an die Sparkasse zu zahlen hätten, was ja auch ganz in der Ordnung wäre[25].

Die Sparer (Kapitalisten und Rentner gäbe es nicht mehr!)

---

[25] Ich muß hier daran denken, daß mir einst ein kleines Mädchen im Aller von etwa 9 Jahren erzählte, sie habe schon 200 M. gespart, aber — so fügte das Kind sinnend hinzu — es gehen leider noch 6 M. Zinsen davon ab. Auf meine verwunderte Gegenfrage antwortete das Kind: „Na, ich habe doch ein Sparbuch bekommen und die Leute auf der Sparkasse haben auch viel Arbeit mit dem Einschreiben in all die Bücher. Und dafür muß ich doch Zinsen bezahlen."

Wer dächte hier nicht wieder einmal daran: „Was kein Verstand der Verständigen sieht, das findet in Einfalt ein kindlich Gemüt."

müßten also in Zukunft, wenn sie zu arbeiten aufhören wollen, ihre Ersparnisse angreifen. Die Möglichkeit, wie die heutigen Kapitalisten und Rentiers, durch den Zins ihres Geldes vom Arbeitsertrage der anderen zu leben, o h n e   d a s   e i g e n e   V e r m ö g e n   ü b e r h a u p t   a n z u r ü h r e n , hätten sie dann — wie bereits einmal erwähnt — allerdings nicht mehr.

Alle vorhandenen Ueberschüsse und Ersparnisse würden in Form des unentgeltlichen Kredites (also zinsfreier Benutzung) denen zugute kommen, die bisher den Zinstribut aufzubringen hatten, a l s o   d e n   A r b e i t e n d e n   a l l e r   S t ä n d e   u n d   B e r u f e !

In welcher Form die Ersparnisse angelegt und als zinsfreie Kredite dem Markt zugeführt werden, um allmählich wieder von den Sparern konsumiert zu werden, — das alles ist ebenso Privatsache, wie die richtige Auswahl der Art der Anlage und wie der richtige Maßstab für die Aufnahmefähigkeit des Marktes und den Umfang der Produktion gewisser Artikel. Ein sparsamer Arbeiter oder Beamter könnte z. B. seine Ersparnisse in Gestalt eines Wohnhauses anlegen. Er braucht dies Haus gar nicht selbst zu bewohnen, sondern er „vermietet" (verleiht) es und verzehrt so allmählich, in Gestalt der jährlichen „Abschreibung", also des Mietsbestandteiles, den er für die Abnutzung des Gebäudes von den Mietern erhält, seine in dem Hause angelegten Ersparnisse.

Wenn dann das Haus baufällig ist, und er in den erhaltenen Mieten das seinerzeit angelegte Geld zurückempfangen hat, wäre sein Erspartes aufgezehrt. Er hätte auf diese Weise, ohne dabei irgend jemand ausgebeutet zu haben, sich selbst vor Schaden bewahrt und seinen Mietern obendrein angesichts der billigen Mieten, die nur aus Abnutzungsgebühr, Grundrente[26] und Verwaltungskosten bestanden, die Wohnungen als „zinsfreies Darlehen" überlassen. Ob es aber ratsam ist, sein Geld in einem Hause mit geringer Abschreibungsrate (für Abnutzung) anzulegen, oder ob es lieber in einer Stiefelfabrik mit 5 bis 10% jährlicher Abschreibung angelegt werden soll, weil auch sonst an Häusern bereits ein

---

[26] Durch die von uns gleichfalls erstrebte Grundbesitz-Reform würde die Grundrente allen Einwohnern des Landes g l e i c h m ä ß i g zugute kommen, so daß die meisten Familien dadurch m e h r Nutzen hätten, als vielleicht in der jährlichen Miete, die sie zahlen, an Grundrente enthalten ist.

Ueberfluß, an Stiefelfabriken dagegen Mangel herrscht — dies ist, wie gesagt, seine Privatsache resp. Sache der kaufmännischen Erfahrung und Umsicht der Bank, der er seine Ersparnisse anvertraut.

IV.
Die Ueberführung der Zinsrate des Kapitals
in den Arbeitsertrag aller Arbeitenden.

Der beständige Angebots- und Umlaufszwang des physiokratischen Geldes würde bewirken, daß die erarbeiteten und ersparten Ueberschüsse sich immer sofort Anlage suchend der Produktion, dem Handel, dem Baumarkt, kurz sämtlichen Gebieten der Volkswirtschaft zur Verfügung stellen. Und da sich nun alle diese Unternehmungen nicht mehr in bisheriger Weise zu rentieren brauchten, sondern schließlich, nur noch ihre eigenen Unkosten (Löhne, und Abnutzung) aufzubringen hätten, so stände ihrer fortgesetzten Vermehrung bis zur Grenze der Arbeitswilligkeit und der überhaupt verfügbaren Mittel und Arbeitskräfte, nichts mehr im Wege.

Die Befürchtung, daß der Fortfall des Zinses die Unternehmungslust schwächen könnte, ist unbegründet. Wenn der Unternehmer mit eigenem Gelde arbeitet, so bleibt ihm ohnehin keine andere Wahl, wegen des Kursverlustes, der dem Gelde anhaftet; selbst, um sein Vermögen u n g e s c h m ä l e r t aufzehren zu können, müßte er es in einem Unternehmen anlegen und sich dann mit den vereinbarten Rückzahlungen (Abschreibungen) begnügen.

Mit dem allmählichen Verschwinden des Zinseinkommens würde sich außerdem so mancher bisherige Rentner nach einem Erwerb umsehen müssen. Sehr viele würden bemüht sein, die nötigen Kenntnisse und Fähigkeiten noch nachträglich zu erwerben und dann natürlich mit ihrem Gelde lieber selbst etwas unternehmen, statt es fremden Händen zinslos anzuvertrauen und sich selbst in eine abhängige Stellung zu begeben. Die Zahl der Unternehmer dürfte sich aus diesem Grunde sogar beträchtlich vermehren.

Arbeitet der Unternehmer aber mit fremdem Gelde, so liegt

der Fortfall des Zinses ebenso in s e i n e m Interesse, als in dem der Arbeiter. Auch s e i n Arbeitslohn als Unternehmer, d. h., als kaufmännischer und technischer Leiter des Unternehmens, erhöht sich ja um den entsprechenden Zinsbetrag, den bisher die Kapitalisten und Aktionäre beanspruchen konnten. Man bedenke immer, daß der Unternehmer als solcher kein Parasit, kein Nichts- tuer ist, wie Karl Marx und die Sozialisten es vielfach darstellen, weil sie die wirklichen Parasiten (die Rentner) meistens überhaupt nicht auf den Arbeitsstätten zu sehen kriegen und sie daher nicht kennen.

Der Unternehmer als solcher gehört durchaus zu den Arbeitenden und leistet sogar den allerwichtigsten Teil der Arbeit, indem er sie o r g a n i s i e r t . Er zieht Kapital, Arbeitskräfte und Material herbei; er ist immer der leitende Kopf, der aus dem Nichts eben das „Unternehmen" schafft.

Wenn die Unternehmer (sofern sie nicht selbst zugleich Kapitalisten sind) heute mehr auf Seiten des Kapitals als auf Seiten der Arbeiter stehen, so ist das nur die Folge ihrer Abhängigkeit von den Kapitalisten, die ihnen sonst eben nicht die nötigen Kredite einräumen würden, wodurch dann sowohl dem Unternehmer als auch den Arbeitern die Möglichkeit zur Arbeit genommen wäre.

Da sich die Zahl der Unternehmer also einerseits aus den Kreisen derjenigen verstärken würde, die jetzt vom Zins ihres Kapitals leben, andererseits aber der Arbeitslohn der Unternehmer sich mit dem der Arbeiter zusammen erhöhen würde, so kann der Fortfall des Zinses nicht die Unternehmungslust schwächen. Im Gegenteil wird der Umlaufzwang des Geldes es bewirken, daß man sogar tüchtige und zuverlässige Arbeiter als „kreditwürdig" ansehen wird und diese somit in zunehmendem Maße die Möglich- keit haben, zum Unternehmer aufzusteigen.

Eine „Ueberproduktion" wäre bei alledem ausgeschlossen, weil ja der allgemeine Volkswohlstand und somit die Konsum- fähigkeit bereits immer vorher im gleichen Verhältnis zugenommen hätte. Und bei glattem Austausch ist — wie bereits erwähnt — die Gesamtheit der Arbeitenden auch immer in der Lage, ihre Produkte wechselseitig zu konsumieren resp. sie in Form zinsfreier Kredite auszutauschen und zu benutzen.

Dieser Konsum braucht nicht — ja er darf nicht einmal — im s o f o r t i g e n Verbrauch aller erzeugten Produkte bestehen, sondern er verteilt sich (wie wir an dem Beispiel des Hauses gesehen haben) auf dem Wege der Verleihung der gegenwärtigen Ueberschüsse, auf beliebig lange Zeit. Dadurch wird nicht nur die Kreditgewährung überhaupt erst ermöglicht, sondern zugleich auch die Nutzbarmachung der Ersparnisse für Neu-Anlagen aller Art.

Die fortgesetzte Vermehrung — und was dem gleichkäme — auch die Vergrößerung und Verbesserung bereits bestehender Betriebe, käme aber nicht nur auf eine beständige Zunahme der Produktion und des Handels, sondern auch auf eine solche des sogenannten „Realkapitals" hinaus, also der Fabriken, Häuser, Maschinen, Landwirtschaftsbetriebe, Bergwerke, Bahnen, Fuhrwerke, Schiffe usw.

D i e s b e d e u t e t a b e r e i n e s i c h i n g l e i c h e m M a ß e b e s t ä n d i g s t e i g e r n d e N a c h f r a g e n a c h A r b e i t s k r ä f t e n j e d e r A r t !

Infolge der täglich erarbeiteten Ueberschüsse würde die Nachfrage nach Arbeitern, Technikern, Ingenieuren, Baumeistern, Lehrern, Beamten, Handwerkern usw. eben auch täglich größer werden und schließlich auch hier, auf dem A r b e i t s m a r k t , das Gleichgewicht zwischen Angebot und Nachfrage herbeiführen, so, daß alle überhaupt verfügbaren Kräfte in den Strudel der wirtschaftlichen Betätigung gerissen werden.

Das einmal entstandene „Realkapital" oder — da es dann k e i n „ K a p i t a l " mehr ist — d i e e i n m a l e n t - s t a n d e n e n W i r t s c h a f t s g ü t e r , P r o d u k t i - o n s - u n d V e r k e h r s m i t t e l , u n t e r l i e g e n a b e r a l s A r b e i t s p r o d u k t e i h r e r N a t u r n a c h s o w o h l t e c h n i s c h w i e k a u f m ä n - n i s c h d e m A n g e b o t s z w a n g e : technisch insofern, als sie auch weiterhin Arbeitskräfte gebrauchen, zu ihrer Benutzung und Instandhaltung; kaufmännisch insofern, als sie sich den Konsumenten, den Mietern, dem Verkehr zur Verfügung stellen müssen, um nicht ungenutzt zu zerfallen. Ihr verstärktes Angebot würde aber die Bedingungen für die Arbeiter, Mieter, Konsumenten und alle sonstigen Benutzer von geliehenen Wirtschaftsgütern auf

Kosten des Kapitalzinses so günstig gestalten, daß keine „Ausbeutung" durch den Besitz derselben, gegenüber den Nicht-Besitzern mehr möglich wäre.

Die beständig gesteigerte Nachfrage nach Arbeitskräften aller Art, die restlose Inanspruchnahme aller bisherigen Arbeitslosen und „Ueberflüssigen" würde die Löhne auf die Höchststufe bringen. Und da die Preise nicht gleichfalls steigen können, w e i l j a g e r a d e i h r e F e s t i g k e i t d e n M a ß s t a b f ü r d e n G e l d u m l a u f a b g i b t, und sie selbst also unverändert bleiben, so würde zuletzt kein Zins, keine „Dividende", kein „Profit", kein „Mehrwert" für die Sparer, Kapitalisten und Rentner mehr übrig bleiben. Wenn der „Kapitalist" freilich zugleich Unternehmer, kaufmännischer oder technischer Betriebsleiter ist, so fällt ihm i n d i e s e r E i g e n s c h a f t — wie bereits erwähnt — natürlich ein entsprechender Verdienst zu, der dann aber kein Kapitalzins, kein arbeitloses Einkommen, kein Mehrwert, sondern einfach der L o h n f ü r s e i n e M i t a r b e i t i s t.

Der Arbeitslohn eines Betriebsleiters wird, infolge des geringeren Wettbewerbes der für diesen schwierigen Posten besonders geeigneten Personen, in der Regel höher, manchmal sehr viel höher sein, als der eines Durchschnitts-Arbeiters. Da aber der Arbeitsertrag (Reallohn) j e d e s Arbeiters bei glattem Austausch der Produkte (wo alle Preise nur aus Löhnen bestehen) immer ebenso groß ist, wie der volkswirtschaftliche Nutzen, den er durch seine Tätigkeit in einem Betriebe überhaupt schafft, oder wie er auf sein Teil durch seine Arbeit an Waren hervorbringt, so liegt dabei auch keine „Ausbeutung" gegen ihn mehr vor. Er ist dann in der Lage, in Gestalt seines Lohnes immer den v o l l e n Ertrag seiner Arbeit zu fordern, ohne daß er deshalb zu „streiken" brauchte. Die Betriebe würden vielmehr selbst bemüht sein müssen, die Arbeiter durch möglichst hohe Löhne anzulocken und sich in dieser Hinsicht eine gewisse Konkurrenz machen, um nicht durch Arbeitermangel in Verlegenheit zu kommen.

S o k ö n n t e n d i e A r b e i t e r e b e n s o w i e a l l e a n d e r e n A n g e s t e l l t e n m i t i h - r e n L o h n f o r d e r u n g e n i m m e r b i s a n d i e G r e n z e d e s v o l k s w i r t s c h a f t l i c h e n N u t - z e n s g e h e n, d e n s i e d u r c h i h r e L e i s - t u n g e n d e m B e t r i e b e ü b e r h a u p t b i e t e n.

Das „Kapital" ginge dann allerdings leer aus und hörte damit auf, „Kapital" zu sein. Und ebenso würden die Sparer, Kapitalisten und Rentner ohne Zins dabei ausgehen. Sie, die weiter nichts tun, als ihre Gelduberschüsse zur Vermeidung von eigenen Verlusten für die Umwandlung in volkswirtschaftliche Güter herzuleihen, sie haben auch weiter keine Ansprüche, als daß sie ihr hergegebenes Geld je nach Bedarf und Vereinbarung zurückverlangen können; ohne Verlust, aber auch ohne Profit (Zins, Dividende, Mehrwert). Hätten sie ihr Geld nicht für die Schaffung neuer Güter hergegeben, es nicht der Produktion, dem Handel und Verkehr zur Verfügung gestellt, so wäre es sogar bedeutend zusammengeschmolzen. Und hätten sie ihre Ersparnisse nicht in der Form von Geld, sondern in der ihrer eigenen Produkte, Waren und dergleichen aufbewahrt, so wäre es ihnen ebenso ergangen.

D i e   R e c h n u n g   i s t   g a n z   k l a r :   D e r z i n s f r e i e   K r e d i t   l i e g t   d a n n   e b e n s o   s e h r i m   I n t e r e s s e   d e r e r ,   d i e   i h n   g e w ä h r e n , w i e   i n   d e m   d e r j e n i g e n ,   d i e   i h n   i n   A n s p r u c h   n e h m e n .

D e r   r e i n e   E i g e n n u t z   w ü r d e   d e n G e l d b e s i t z e r n   g e b i e t e n ,   d e n   A r b e i t e r n F a b r i k e n ,   H ä u s e r   u s w .   z u   e r r i c h t e n   u n d s i e   i h n e n   g e g e n   b l o ß e   A b n u t z u n g s g e b ü h r   z u   ü b e r l a s s e n !

Tausende von Unternehmungen, die heute mangels sicherer Verzinsung unterbleiben, würden dann die Existenzmöglichkeit und -Berechtigung haben, weil sie ja wie — bereits erwähnt —gar keinen Zins abzuwerfen, sich nicht zu „rentieren" brauchten. Es würde genügen, wenn sie die ersparten Geldüberschüsse der Sparer aufnehmen und vor Verlust bewahren.

Dies können sie aber, sobald sie mit ihren Erträgen die Unkosten (also Löhne und Abnutzung) decken[27].

Diese Neu-Unternehmungen würden allerdings — soweit sie auf der Voraussetzung der Unverzinslichkeit entstehen — keine

---

[27] Ich sehe hier, der Einfachheit halber, von der G r u n d r e n t e ab, die bei Fortbestehen des Privatgrundbesitzes ja gleichfalls herausgewirtschaftet werden müßte.

Zinsrate abwerfen und außerdem dahin wirken, daß auch die bereits länger bestehenden Betriebe und sonstigen Unternehmungen sich nicht mehr verzinsen, indem die beständigen Neu-Anlagen auch die Nachfrage nach Arbeitskräften und dadurch auch den Lohn der Arbeiter in ständig zunehmendem Maße auf Kosten der bisherigen Zinsrate steigern. Aber zur Durchsetzung von Lohnerhöhungen, die nicht, wie heute, nur n o m i n e l l (also scheinbar), sondern r e a l (also wirklich) wären, ist es eben erforderlich, daß zuvor a l l e Arbeitskräfte voll beschäftigt sind, daß es überhaupt keine „überflüssigen" — also billigeren — Arbeitskräfte gibt. Erst dann werden die Besitzer der Betriebe, um Betriebsstörungen und größere Verluste zu vermeiden, ein Interesse daran haben, die Lohnforderungen der Arbeiter und Angestellten zu bewilligen, selbst wenn keine Aussicht für sie besteht, sich durch entsprechende Preissteigerungen (wie heute) schadlos zu halten.

S i e   w ü r d e n   a l s o   g e z w u n g e n   s e i n , um   n i c h t   d u r c h   A r b e i t e r m a n g e l   u n d S t i l l e g u n g   d e s   B e t r i e b e s   e i n e n   e m - p f i n d l i c h e n   S c h a d e n   a n   i h r e n   A n l a g e n z u   e r l e i d e n ,   d i e   b i s h e r i g e   Z i n s r a t e   d e n L o h n e r h ö h u n g e n   d e r   A r b e i t e r   u n d   A n - g e s t e l l t e n   z u   o p f e r n .

Also erst die restlose Heranziehung aller bisherigen Arbeitslosen ermöglicht es den Arbeitern (aller Stände!), überhaupt die Zinsrate zum Sinken zu bringen und für sich zu reklamieren, indem sie allmählich ihre Lohnforderungen bis zur Höhe einer v o l l e n Gegenleistung für ihre Arbeit steigern. Solange nicht durch Neu-Unternehmungen allen, die bisher ganz oder zeitweilig arbeitslos und tiberflüssig waren (Arbeiter-Reservearmee) dauernd Arbeit und Lohn i n   g l e i c h e r   H ö h e (für gleiche Leistungen) wie den bereits beschäftigten Arbeitern geboten -wird, solange können auch die letzteren nicht die Zinsrate ihrem Lohne einverleiben.

Aber mit jedem neuen Unternehmen steigt die Flut, die den Zins und die Ausbeutung ersäufen wird; jede Million erarbeiteter und ersparter Ueberschüsse stärkt die Situation der Arbeiter und macht ihren Lohn steigen.

Das physiokratische Geld macht es vermöge seines Um-
laufszwanges unmöglich, der Neu-Anlage Einhalt zu tun; ob die
Zinsrate in zunehmendem Maße in den Arbeitsertrag der
Arbeitenden übergeht, ob der Zinsfuß auf Null-Prozent sinkt: es
schlägt jeden Widerstand der Banken, Sparer oder sonstigen Geldbesitzer nieder!

Die zunehmende Höhe der Arbeitslöhne bei Fortfall der Arbeitslosigkeit
einerseits — und unverändert feste
Durchschnittspreise für alle Bedarfs-
güter der Lebenshaltung andererseits
— dies ist der Weg, auf dem die bisherige Zinsrate allmählich in den Arbeitsertrag der Arbeitenden .übergeht.

Die bisher im Interesse des Kapitalzinses künstlich ge-
hemmte und eingeschnürte Volkswirtschaft würde sich also infolge
der physiokratischen Geldreform erst voll und ganz entfalten, nun
erst ihren natürlichen ungehinderten Verlauf nehmen können und
das ganze Volk zu ungeahntem Wohlstand, zu allgemeiner Kultur und Bildung emporheben. Es gäbe dann
zwar keine Kapitalisten und Rentiers, keine „Geldkönige" — aber
auch kein „Proletariat" mehr, sondern nur noch Arbeiter, gleichviel,
ob sie mit der Hand oder mit dem Hirn arbeiten, denn wer nicht
arbeiten will, der soll auch nicht essen. Aber diese
Arbeiter wären keine besitzlosen
Proletarier mehr, die es als eine Gnade
ansehen müßten, überhaupt arbeiten,
Güter und Reichtümer erzeugen zu
dürfen, sondern sie würden, infolge ihres verdoppelten und
verdreifachten Arbeitsertrages und der dadurch ermöglichten
großen Ersparnisse, selbst die Geschäftsanteile der Betriebe
erwerben können, in denen sie arbeiten. So würden sie allmählich
in den Besitz der Produktionsmittel gelangen und am eigenen Leibe
erfahren, daß das Eigentum an den Produktionsmitteln n i c h t die
Ursache des „Mehrwertes" und der „Ausbeutung" ist, wie die
Sozialisten und ihr Lehrer, Karl Marx, behaupten.

V.
Die Wirkung der Geldreform auf das Geschäftsleben und den Privat-Haushalt.

Eine derartige Umwälzung, wie sie die Geldreform in der Volkswirtschaft hervorruft, würde natürlich auch ihre Wirkung nicht auf dem Gebiet verfehlen, wo die Volkswirtschaft in die Privatwirtschaft übergeht: auf das G e s c h ä f t s l e b e n, welches ja die Aufgabe hat, die volkswirtschaftlich erzeugten Güter in den Privatverbrauch und in die Haushaltungen hinüberzuleiten.

Wie im Geldwesen und auf dem Kapitalmarkt, so würde die physiokratische (natürliche) Ordnung der Dinge auch im Handel und im Geschäftsleben platzgreifen.

Das ehemalige „Handelskapital", dann also einfach das für den Handel bestimmte Geld, müßte jeden Widerstand aufgeben; es könnte weder dem Austausch noch der Produktion der Waren Schwierigkeiten machen, könnte weder seine Aufträge noch seine Nachfrage nach Waten zurückhalten oder einschränken, um sie von der Verzinsung abhängig zu machen. Nur noch die w i r k l i c h e Ueberproduktion bestimmter Waren, für die also niemand mehr Verwendung hat, könnte das für ihre Produktion bestimmte Geld auf andere Gebiete der Volkswirtschaft (z. B. auf den Baumarkt, in die Landwirtschaft, auf den Darlehnsmarkt usw.) lenken, sofern diese noch aufnahmefähig sind, d. h., solange hier der Zins noch nicht auf Null-Prozent gesunken ist.

Dieser Fall, daß der Zins auf 0%, sinkt, kann aber erst ein- treten wenn Angebot und Nachfrage auf allen Gebieten des Wirtschaftslebens im G l e i c h g e w i c h t sind, wenn das ganze Land mit Gütern und Reichtum aller Art gesättigt ist. Dazu müßte aber die Geldreform zuvor international umsichgreifen.

Die Banken, Sparkassen und Kaufleute werden also solange Geld im Handel anlegen, als dies nicht nachteiliger für ihr Geld ist, wie die Anlage auf anderen Gebieten des Wirtschaftslebens. Und da alle Gebiete gleichmäßig dem z i n s v e r n i c h t e n d e n A n s t u r m der durch das neue Geld entfesselten Arbeit ausgesetzt sind, so wird vorläufig jede Geldanlage ihr bisheriges Gebiet behalten, nur mit dem Unterschiede, daß es auf keinem Gebiete ein Stillstehen mehr gibt. Alles wird mit „Hochdruck" arbeiten und immer neue Unternehmungen, immer neue Anlagemöglichkeiten werden herausgefunden werden und entstehen.

Es läßt sich nicht mehr hindern, daß sich die Warenproduktion bis zur Grenze ihrer Leistungsfähigkeit steigert und der Markt mit zinsfreien Waren „überschwemmt" wird. Aber diese „Ueberschwemmung" bedeute nicht mehr wie heute Unheil, sondern unser braves Geld ist dann hurtig dabei und räumt die Warenmassen ununterbrochen vom Markte fort und führt sie auf dem k ü r z e s t e n u n d s c h n e l l s t e n Wege in die Hände der Verbraucher, die sie nun infolge besseren Verdienstes und dauernder Arbeit kaufen und bezahlen können.

W i e d i e E r f i n d u n g d e r D a m p f - m a s c h i n e n i c h t n u r d i e P r o d u k t i o n s - k r a f t s i c h e r t e u n d v e r v i e l f ä l t i g t e , s o n d e r n i n G e s t a l t d e r E i s e n b a h n e n u n d D a m p f s c h i f f e a u c h d e n T r a n s p o r t d e r G ü t e r s i c h e r e r , b i l l i g e r u n d s c h n e l l e r b e s o r g t a l s d i e P o s t k u t s c h e u n d d a s S e g e l s c h i f f e s k o n n t e n , s o w i r d a u c h u n s e r n e u e s G e l d d i e g l e i c h e n W i r k u n g e n f ü r d e n H a n d e l h a b e n .

Die Waren würden nicht mehr wochen- und monatelang in den kostspieligsten und besten Räumen (Läden) hinter Kristallscheiben liegen, von elektrischem Licht bestrahlt, von „gebiegelten und geschniegelten" Verkäufern und Verkäuferinnen behütet, ehe es gelingt, sie gegen Geld umzutauschen (zu verkaufen).

Die Pfennigkrämerei würde aufhören; jeder kann mit dauernder Arbeit und festem Verdienst rechnen und weiß, was er im Monat gebraucht. So bestellt er einfach nach Mustern und Proben seine Bedarfsartikel v o r a u s und zahlt auch — wenn er den Kaufmann als zuverlässig kennt und dieser nichts dagegen hat, — im V o r a u s , um das für den persönlichen Verbrauch bestimmte Geld sobald als möglich, d. h. zum Tageskurse, loszuwerden.

Der fortwährende Verlust, den das physiokratische Geld erleidet und der schließliche Fortfall des Zinses (auch bei Ersparnissen und Geldguthaben) würde überhaupt dahin wirken, daß man — im Gegensatz zu heute, wo jeder m ö g l i c h s t w e n i g

V o r r ä t e und dafür lieber möglichst viel Geld zurücklegt (spart), — umgekehrt, zunächst möglichst v i e l V o r r ä t e an Bedarfsgütern des täglichen Lebens sich zulegen wird[28]; nicht mehr pfennigweise, sondern je nach Art, Bedarf und Dauerhaftigkeit — in Originalpackungen, Kisten, Säcken, Fässern usw., wie sie dann für Haushaltungszwecke in entsprechender Größe in den Handel kommen würden.

Das „von der Hand in den Mund leben" von heute, wo die allermeisten Haushaltungen nicht für 24 Stunden Vorräte und Lebensmittel haben, wäre vorbei. Der weitaus größte Teil der offenen Läden, die heute freilich nötig sind, würde dann als überflüssig verschwinden und an ihre Stelle würden f ü r j e d e n H a u s h a l t V o r r a t s k a m m e r n treten, die gleich beim Wohnungsbau mit vorgesehen werden könnten.

Und wie im Kleinen, so im Großen! Die Fabrikanten und sonstigen Unternehmer, Handwerksbetriebe usw. würden auch für ihre Betriebe mehr Vorräte, mehr Lager an Rohstoffen und dergl. halten. Der geregelte und ununterbrochene Geldumlauf verursacht auch — wie bereits erwähnt — einen regelmäßigen, bestimmten Verbrauch und ermöglicht eine ebenso regelmäßige, ununterbrochene Produktion, die sich dem Verbrauch leicht und sicher auf den einzelnen Gebieten anpassen kann. Und da auch kein Unternehmer als Besitzer von Vorräten einen Preisrückgang und daraus hervorgehende Verluste zu befürchten hätte, so werden d a n n Vorräte an Material und Rohstoffen ebenso geschätzt sein, wie bares Geld. Auch hier würde das „von der Hand in den Mund" aufhören und nebenbei jeder etwaigen S p e k u l a t i o n ein wirksamer Riegel vorgeschoben.

Welcher Spekulant wollte es noch wagen, angesichts großer, weitreichender Vorräte (in den Händen der Verbraucher) für eine b e s t i m m t e Ware zu einem b e s t i m m t e n Zeitpunkt d e n j e n i g e n Preis auf dem Markt, an der Börse, zu erzwingen, den er für den Erfolg seiner Spekulation braucht? Die Bestände an Materialien, Rohstoffen und Waren würden sich über-

---

[28] Das Aufspeichern von Waren im Privathaushalt zum persönlichen Verbrauch, das während des Krieges aus Furcht vor etwaigem Mangel vielfach platzgriff, würde dann auch im Frieden — wo keinerlei Mangel droht — allgemein zur Regel werden.

haupt nicht mehr — wie heute — im Handel und wer weiß wo und wie lange als bequem zugängliche Spekulationsobjekte umhertreiben, sondern immer auf dem kürzesten und schnellsten Wege, meist auf feste Bestellung hin, in feste Hände — nämlich in die der Verbraucher — gelangen.

Der Absatz wäre nicht mehr launisch, unregelmäßig und sprunghaft wie heute, sondern dem sicheren Gleichmaß der Volkswirtschaft entsprechend, regelmäßig und bestimmt. Der Bedarf wäre mit ziemlicher Sicherheit im Voraus zu berechnen und die Produktion könnte sich ihm eng anpassen, ohne jedes Risiko, aber auch ohne jeden Spielraum für Spekulationen oder sonstige „Profite", auch ohne Aussicht auf „Rentabilität". D e r L o h n d e r b e i d e r P r o d u k t i o n b e t e i l i g t e n A r b e i t e r , B e t r i e b s l e i t e r u s w . w ü r d e a l l d i e s e s a u f s a u g e n u n d n u r d i e A r b e i t s l ö h n e d e r K a u f l e u t e u n d d i e E r s t a t t u n g d e r T r a n s p o r t k o s t e n ü b r i g l a s s e n .

So wären die Fabrikanten und Kaufleute nicht nur in der L a g e , genau zu rechnen, sondern sie wären dazu g e - z w u n g e n , wenn sie nicht in Gefahr laufen wollen, ihren eigenen Arbeitslohn einzubüßen. Sie würden also einen so kostspieligen Austausch der Produkte, wie wir ihn heute haben, unter allen Umständen vermeiden müssen und — würden ihn auch leicht vermeiden k ö n n e n .

Da die Unternehmer, Fabrikanten, Landwirte, Kaufleute usw. keine Möglichkeit mehr hätten, sich an den Arbeitern durch Lohndruck oder an den Konsumenten durch Preissteigerungen schadlos zu halten, so würden sie alles aufbieten (und auch die Arbeiter selbst als etwaige Betriebsinhaber würden dies tun), i h r e P r o d u k t e a u f d e m s c h n e l l s t e n u n d b i l l i g s t e n W e g e i n d i e H a n d d e r V e r - b r a u c h e r z u l e i t e n .

Statt die Produkte, wie bisher, durch die verschiedenen Stadien des Handels laufen zu lassen und durch das Feilhalten in teuren Läden eine Reihe von Geschäftsinhabern und -Angestellten nebst allen sonstigen Unkosten (Mieten, Beleuchtung, Heizung, Dekorationen, Reklame usw.) zu unterhalten, könnte ein Vermittler den Vertrieb übernehmen. D i e s e r V e r m i t t l e r w ü r d e n u r e i n B u r e a u m i t P r o b e n u n d M u s t e r n u n t e r h a l t e n u n d d a d u r c h s o -

w o h l   d e n   I n t e r e s s e n   d e r   P r o d u z e n t e n
a l s   a u c h   d e n e n   d e r   K o n s u m e n t e n   d i e -
n e n . Die Waren würden nun nicht mehr einseitig dem Gelde
entgegengehen, auch das Geld würde ihnen seinerseits entgegenkommen. Und beide, Geld und Ware, Angebot und Nachfrage,
treffen sich bei dem Vermittler (Makler oder Kommissionär), also
in billigeren Räumen als es die Ladengeschäfte, die „Kauf- und
Warenhäuser" sind, auf kürzerem Wege, als ihn der Handel heute
einschlägt. Welche Riesensummen verschlingt allein die M i e t e
der Ladengeschäfte, wieviel Millionen die „Spesen" der Reisenden,
welches Heer von Angestellten, welchen Prunk, welchen Flitter,
wieviel Millionen an Reklame erfordert der heutige Geschäfts-
betrieb! Welcher Trubel, wieviel Blendwerk, um dem Käufer den
Verstand und die Kritik zu umnebeln!

Wie still, schlicht und geschäftsmäßig würde es da nach der
Geldreform bei dem kaufmännischen Vermittler zugehen.

Der ganze Handel würde vereinfacht und verbilligt werden,
die heutigen Handelsspesen von 30—50 Prozent des Preises
würden auf eine geringe Kommissionsgebühr für den Vermittler
zusammenschrumpfen. Es würde sich bald zwischen dem Publikum
und dem Kaufmann (Vermittler) überhaupt fast nur noch um
Kommissionsgeschäfte auf Grund fester Bestellungen mit
sofortiger Barzahlung oder Vorausbezahlung handeln.

Es leuchtet wohl ein, daß ein solcher Handel nicht 30—50
Prozent Spesen verursacht, sondern mit 3—5 Prozent erledigt wird.
D i e s e r   V o r t e i l ,   d e r   i m   J a h r e   v i e l e
M i l l i a r d e n   (3 3 — 3 5   P r o z e n t   d e r   g e s a m -
t e n   W a r e n p r o d u k t i o n !)   a u s m a c h t ,   k ä m e
d e m   V e r b r a u c h   o d e r   d e n   E r s p a r n i s s e n
d e r   K o n s u m e n t e n   t r o t z   f e s t b l e i b e n d e r
P r e i s e   z u g u t e , in Gestalt von Lohnerhöhungen, die sie als
Produzenten erzielen, denn alle Konsumenten sind ja dann zugleich
auch Produzenten, auch die Kaufleute, Transportarbeiter und
öffentlichen Beamten, Wissenschaftler, Künstler[29] usw. gehören
als notwendige Glieder der Arbeitsteilung dazu.

---

[29] Das Verständnis und damit die Nachfrage nach Werken der
Kunst würde in einem so wohlhabenden Volke gewaltig steigen, so daß
auch die Kunst dann nicht mehr um Brot und Gunst zu betteln brauchte.

Eine weitere erfreuliche Nebenwirkung der Geldreform würde — wie bereits angedeutet — darin bestehen, daß die B a r - z a h l u n g an die Stelle der leidigen Pumpwirtschaft und des Borge-Unwesens tritt, wodurch eine beträchtliche Menge von Buchungsarbeiten und Verlusten vermieden wird, was wiederum den Produzenten (also allen) zugute kommt.

Das zahlreiche Handelspersonal würde in der Mehrzahl — als nunmehr überflüssig — allmählich zur Produktion übergehen und so selbst Güter erzeugen, statt wie heute, notgedrungen den Arbeitsertrag der wirklichen Produzenten schmälern zu müssen.

Und wenn allmählich die Läden und die Lagerplätze der Händler leer, alle Vorratskammern der Privathaushaltungen aber voll — wenn alle Speicher und Schuppen der Fabriken und sonstigen Produzenten gefüllt sind, um auf absehbare Zeit (je nach Art der Produktion) den voraussichtlichen Bedarf zu decken, wird man — mit Ausnahme des für den täglichen Gebrauch bestimmten Bargeldes — alle übrigen Geldüberschüsse an kreditwürdige Unternehmer, auf die Bank oder in die Sparkassen geben. In die Industrie, den Handel, den Bergbau, die Landwirtschaft, auf den Baumarkt, — kurz, auf alle Gebiete des Wirtschaftslebens würde sich aus den Ersparnissen des ganzen Volkes ein ununterbrochener Geldstrom ergießen, den „Markt" mit anlagesuchendem Kredit „überschwemmen".

Aber ebensowenig wie auf dem Warenmarkt, könnte auch hier dieser Ueberfluß noch Unheil anrichten! Auch hier kann er nur noch befruchtend wirken, Segen stiften: d i e L ö h n e h e r a u f - , d e n Z i n s f u ß h e r a b s e t z e n , wie ja natürlicher Weise immer aus der Arbeit Segen, — aus der Zirkulation Leben quillt und nur die Stockung, der Stillstand, gefährlich ist.

Je mehr gearbeitet wird, um so mehr kann verbraucht werden; und je mehr verbraucht wird, um so mehr kann gearbeitet werden!

So geht es ohne Ende. Dies gilt sowohl für den Warenmarkt, als auch für den bisher sogenannten „Kapitalmarkt". Und ist der Bedarf auf einem Gebiet voll und ganz gesättigt, so wird man sich anderen, neuen Gebieten mit den erarbeiteten und ersparten Ueberschüssen zuwenden, wird wirtschaftliches „Neuland" suchen.

Würde dann der Null-Punkt des Zinses das erreichte volkswirtschaftliche Gleichgewicht zwischen Nachfrage und Angebot
auf allen Gebieten ausdrücken, so wäre darin auch zugleich das
Zeichen allgemeiner Sättigung des Marktes zu erblicken. Ein Zinsfuß von Null-Prozent ist die Grenze, wo eine e c h t e
U e b e r p r o d u k t i o n , sowohl an Produktionsmitteln als an
anderen Arbeitsprodukten und Ersparnissen beginnen würde.

VI.
Wie die echte Ueberproduktion aussieht.

Im Gegensatz zur kapitalistischen — fälschlich sogen.
„Ueberproduktion" — würde die physiokratische, also die
n a t ü r l i c h e , e c h t e Ueberproduktion, wenn sie sich einst
zeigen wird, bedeuten, daß das Angebot von zinsfreien Leihgütern
jeder Art (Geld, Häusern, Fabriken, Bergwerken, Verkehrsmitteln,
Landwirtschaftsbetrieben usw.) g r ö ß e r ist als die Nachfrage,
daß alle übergenug haben: übergenug an Produktionsmitteln, übergenug an allen Dingen, die sie zum Leben gebrauchen und auf
Grund ihres erhöhten Arbeitsverdienstes konsumieren können oder
wollen. Nicht in bankerotten Unternehmern, arbeitslosen und
hungernden Arbeitern — wie bisher — würde sich diese
n a t ü r l i c h e Ueberproduktion ausdrücken, sondern in ge-
füllten Vorratskammern und Sparkassenbüchern, allgemeinem
Wohlstand und wirklichem Ueberfluß würde sie in Erscheinung
treten, als ein Zeichen bisher unerhörten Reichtums an Gütern aller
Art.

Der öffentliche, finanzielle Ausdruck einer solchen
„Ueberproduktion an Ersparnissen" würde darin bestehen, daß der
Zinsfuß international unter 0% sinkt. Die Sparer und Darlehnsgeber
erhalten dann also nicht nur keinen Zins, sondern müßten sogar
i h r e r s e i t s Z i n s b e z a h l e n , resp. sich einen entsprechenden Abzug an ihren Spar-Einlagen und Guthaben gefallen
lassen. Dadurch würden natürlich sofort die psychologischen und.
wirtschaftlichen Gegenwirkungen hervorgerufen, die ein Auf-

kommen des negativen Zinses verhindern und ihn dauernd auf dein Nullpunkt festhalten wurden.

Gerade diejenigen, die dann die größten Ersparnisse erzielt, — also am meisten gearbeitet und am wenigsten für sich verbraucht haben, würden nämlich durch einen etwaigen negativen Zins am empfindlichsten getroffen. Je größer ihre Spareinlagen, Guthaben, Geldforderungen oder sonstigen v o l k s w i r t s c h a f t - l i c h e n Vermögensanlagen wären, um so größerer Schaden würde ihnen durch den negativen Zins drohen. Demgemäß wurden sich diese wohlhabenden Arbeiter auch i n e r s t e r L i n i e u n d i n s t ä r k s t e m M a ß e bewogen fühlen, ihre ersparten Ueberschüsse nicht mehr als volkswirtschaftliche Kredite in Umlauf zu setzen, sondern dieselben in Zukunft möglichst p r i v a t w i r t s c h a f t l i c h , d. h. zu e i g e n e m Verbrauch zu verwenden.

Die dadurch hervorgerufene Einschränkung des Kredites wäre dann ganz unbedenklich, denn sie würde ja nur die Tatsache ausdrücken, daß die Gesamtheit der Arbeitenden so große Ersparnisse gemacht und in Unternehmungen aller Art angelegt hat, das weitere Kredite nicht mehr unterzubringen — mithin überflüssig wären.

Wenn also das Erscheinen des negativen Zinses eines Tages der Welt verkünden sollte, daß die Volkswirtschaft bis auf weiteres ü b e r h a u p t k e i n e r n e u e n K r e d i t e m e h r b e d a r f , so würden eben auch viele der bisherigen Geldgeber, Sparer, Gläubiger usw. — um nicht an die Darlehnsnehmer und Schuldner noch obendrein Zins zahlen zu müssen — ihre Kredite teilweise zurückziehen, ihre neuen Ersparnisse aber gar nicht erst dem Darlehnsmarkt zuführen, sondern sie für sich selbst verbrauchen — oder überhaupt in Zukunft weniger arbeiten oder weniger sparen.

Die bereits Begüterten würden also in ihrem eigenen Interesse stets dafür sorgen müssen, daß der negative Zins nicht in Erscheinung tritt. Die weniger Bemittelten, die noch auf das Sparen angewiesen sind, würden dadurch immer in der Lage sein, ihre Ersparnisse ohne Schaden anlegen zu können, bis auch sie nicht mehr zu sparen brauchen.

So würde schließlich ganz automatisch das ungesunde Anhäufen von Riesen-Vermögen an bloßem Geldbesitz (Geldforderungen) in den Händen einzelner verhindert. Die Menschen jener Zeit werden nicht nur leben, um zu arbeiten, sondern sie werden arbeiten, um die Freuden und Annehmlichkeiten des Lebens zu verdienen.

Man wird sich früher zur Ruhe setzen, sich mehr seinen Kindern widmen, die Arbeitszeit verkürzen und sich nebenbei nach Wunsch und Neigung betätigen. Wer sich bisher mit einer Mietswohnung begnügte, wird seine überflüssigen Ersparnisse lieber in einem schmucken Hauschen mit Garten anlegen, statt sie negativem Zins auszusetzen. D a s g a n z e L a n d w i r d ü b e r h a u p t a l l m ä h l i c h d e n C h a r a k t e r e i n e r g r o ß e n G a r t e n s t a d t v o n u n g e h e u r e n D i m e n s i o n e n a n n e h m e n ! Und wer bisher vielleicht tüchtig gearbeitet und etwas übermäßig gespart hat — sichs nun also leisten kann — der wird sich, um den negativen Zins zu vermeiden, dann lieber für einen Teil seiner Ersparnisse einen Flugapparat, ein Automobil oder eine Segelyacht zulegen; vielleicht auch mit seiner Familie eine Erholungsreise nach Konstantinopel unternehmen.

Während also heute die s o g e n a n n t e „Ueberproduktion" (die kein Ueberfluß ist) von Arbeitslosigkeit und niedrigen Löhnen, von Not und Entbehrung begleitet ist, beruht die e c h t e , d i e n a t ü r l i c h e U e b e r p r o d u k t i o n auf einem wirklichen Ueberfluß an Ersparnissen und verursacht daher Erholung, Luxus und Lebensgenuß für alle, die es durch Fleiß und Sparsamkeit verdient haben.

*
*　　　*

Man sagt, daß ganze Erdteile, die heute von Millionen Menschen bewohnt sind, in prähistorischen Zeiten unter Wasser gestanden hätten.

A u c h d e r K a p i t a l z i n s s e t z t g r o ß e G e b i e t e d e r V o l k s w i r t s c h a f t g l e i c h s a m u n t e r W a s s e r . I h r e N u t z b a r m a c h u n g u n d B e a r b e i t u n g w i r d d u r c h 4 — 5 % Z i n s e b e n s o u n m ö g l i c h g e m a c h t , a l s w e n n e i n L a n d g e b i e t v o n e i n e m 4 — 5 M e t e r h o h e n W a s s e r s t a n d b e d e c k t i s t .

Was muß z. B. heute alles unterbleiben, weil es sich nicht „rentiert" und was könnte morgen alles in Angriff genommen werden, wenn es sich nicht zu rentieren, sondern nur die Kosten, nur die Löhne zu decken brauchte!

Durch die physiokratische Geldreform wird, wie am Schöpfungstage, „Land" und „Wasser" voneinander geschieden und wirtschaftliches Neuland hebt sich aus den sinkenden Fluten des Kapitalzinses, groß genug, um alle „Ueberflüssigen" und „Vielzuvielen" aufzunehmen und zukünftigen Generationen Arbeit, Existenz und Wohlstand zu gewähren.

===========

Die Verwirklichung

der hier erläuterten G e l d r e f o r m würde auch die Durchführung der gleichfalls von um erstrebten, allgemeinen großen Grundbesitz-Reform unabweisbar machen.

Erst beide Reformen zusammen sind imstande, das g a n z e arbeitlose Einkommen, die g a n z e sogenannte „Ausbeutung" zu beseitigen und jedem den v o l l e n Arbeitsertrag zu verschaffen. Während die Geldreform durch Beseitigung des Kapital-Zinses auf dieses Ziel hinführt, bewirkt die Grund- und Bodenbesitz-Reform, daß das, mit dem heutigen Privat-Grundbesitz zusammenhängende arbeitlose Einkommen (also die Grundrente), an die Allgemeinheit, die sie ja durch Ihre Arbeit schafft, zu gleichmütiger und gerechter Verteilung gelangt. Damit wäre dann der große Wurf gelungen, die Arbeit von allen Fesseln zu befreien und ihr den vollen Ertrag zu sichern.

Die Verwirklichung beider Reformen erstreben einstweilen folgende Organisationen:

In Deutschland: „**Die Physiokratische Vereinigung**", die sich aus Angehörigen aller Stände und Gesinnungsrichtungen zusammensetzt und sowohl das Studium volkswirtschaftlicher Prägen (besonders das der Grundrente und des Kapitalzinses) betreibt, als auch öffentlicher Aufklärungs- und Werbearbeit dient.

Anfragen betreffs Beitritt oder Zusendung von Literatur und Werbematerial sind an den Geschäftsleiter (Georg Blumenthal) in Berlin-Lichterfelde, Ringstraße 49, zu richten.

In der Schweiz: „**Schweizerischer Freiland- und Freigeldbund**", der ebenfalls den vollen Arbeitsertrag durch die beiden obengenannten Reformen erstrebt. Vorsitzender des Bundes ist Herr Direktor Fritz Trelzer in Bern, Wabernstraße 16.

==========

Führendes Organ unserer Bewegung ist „**Der Physiokrat**". Das Blatt erscheint monatlich (während des Krieges nur in größeren Zwischenräumen) und kostet für Deutschland, Luxemburg und Oesterreich-Ungarn j ä h r l i c h p o s t f r e i 1,50 M., jedoch nur noch bis Beendigung des laufenden 3. Jahrganges. Für das übrige Ausland 1,75 M. Geschäftsstelle: Berlin-Lichterfelde, Ringstrasse 49.

==========

<u>Ein Nachweis für physiokratische Literatur befindet sich umseitig!</u>

Nachweis für physiokratische Literatur.

==========

Durch den **Physiokratischen Verlag in Berlin-Lichterfelde**, Ringstraße 49, sind folgende Schriftwerke **direkt** zu beziehen:

Zeitschrift: "Der Physiokrat" im 3. Jahrgang ....jährlich Mk. 1,50
Silvio Gesell: „Die Verwirklichung des Rechtes auf den vollen Arbeitsertrag durch die Geld- und Bodenreform" (z. Zt. vergriffen, neue Auflage in Vorbereitung) ....Mk. 3,—
Silvio Gesell: „Die neue Lehre vom Geld und Zins" .... Mk. 2,50
Silvio Gesell: „Gold und Frieden" (Ein Vortrag) .... Mk. 0,50
Silvio Gesell und Ernst Frankfurth: „Aktive Währungspolitik" ..... Mk. 1,20
Ernst Frankfurth: „Das arbeitslose Einkommen" .... Mk. 0,50
Ernst Frankfurth: „Geldbriefe vom Silberstrom" .... Mk. 2,—

==========

Dr. Th. Christensen: „Die Kaufkraft des Geldes" .... Mk. 0,50
Dr. Th. Christensen: „Die absolute Währung" .... Mk. 0,50
Dr. Th. Christensen: „Freiland- und Freigeldfibel" .... Mk. 0,50
Dr. Th. Christensen: „Die Quantitätstheorie des Geldes" .... Mk. 0,50
Dr. Th. Christensen: „Die gegenwärtige Teuerung und das schweizerische Nationalbankgesetz .... Mk. 0,50

==========

Als vorzügliches Nachschlage- und Lehrbuch zur Orientierung über das **b e s t e h e n d e** Geld- und Bankwesen sei bestens empfohlen:

Dr. O. Stillich: „Das Geld- und Bankwesen"

Verlag: C. Curtius, Berlin W. 3. Aufl. .... geb. Mk. 5,80

(Inhalt einer überformatigen Beilage)

Erklärung des physiokratischen Geldes.

Dieses Geld kann sowohl national als international einge-
führt werden; es erleidet einen fortwährenden Verlust seines Nenn-
betrages von $^1/_{1000}$ wöchentlich, d. h. auf 100 M. in jeder Woche
10 Pf. — im Jahre also 5,10 M. Dieser Verlustsatz gilt hier jedoch
nur als Beispiel; seine wirkliche Höhe wird durch Erfahrung und
Zweckmäßigkeit festgesetzt werden.

Um also nach dem hier angenommenen Satz mit einem
Hundertmarkschein einen Preis oder einen Betrag von 100 M. zu
bezahlen, müßte man in der ersten Woche noch 10 Pf dazu zahlen;
hat man den Schein 10 Wochen im Besitz, so würde man 1 M.
dazulegen müssen, und in einem Jahre 5,10 M.

Der jeweilige Betrag dieser Zuschläge für jede beliebige
Summe in jeder beliebigen Woche ist aus Tabellen zu ersehen, die
jedermann von der Geldverwaltung unentgeltlich erhalten würde.

Am Ende des Jahres werden alle Geldscheine gegen neue
umgetauscht; jedoch nur zu dem dann geltenden Betrage. Um sich
vor dem Verlust zu schützen, der mit dem Besitz dieses Geldes
verbunden ist, wird es jedermann immer möglichst bald weitergeb-
ben; also seine Einkäufe beschleunigen, seinen Zahlungsverpflich-
tungen immer möglichst schnell nachkommen und das übrige Geld
für Unternehmungen aller Art zu verleihen trachten.

Eine Einlösung dieses Papiergeldes gegen Gold oder anderes Geld findet absichtlich nicht statt, aber es kann mit diesem
Papiergelde alles gekauft oder alles bezahlt werden, wie mit dem

heutigen Gelde; auch das Gold in Barren für den Außenhandel und die Juwelier-Industrie.

Alles Metallgeld und alle Banknoten werden zum Nennbetrage durch dieses Geld ersetzt; verlieren aber nach Ablauf des Umtausch - Termines ihre Gültigkeit. Ebenso wird dem Gold das Prägerecht entzogen.

Die Geldverwaltung ist verpflichtet, die Geldausgabe (Emission) stets den Bedürfnissen des Handels und der Arbeit anzupassen, d. h. so zu regeln, daß die Preise im Durchschnitt weder steigen noch fallen. Diese Festigkeit der Preise (also eine wirkliche Währung!) erzielt sie dadurch, daß sie die Durchschnittspreise der Waren zum Maßstab der Geldausgabe nimmt. Die Geldverwaltung setzt m e h r Geld in Umlauf, sobald die Preise fallen (Baisse, Krise) und zieht Geld aus dem Verkehr sobald die Preise steigen (Hausse, Hochkonjunktur), denn die Preise werden bestimmt durch das Verhältnis zwischen Warenangebot und Geldangebot.

Da das physiokratische Geld die Eigentümlichkeit besitzt, immerwährende Nachfrage nach Waren im Betrage seiner Gesamtsumme zu erzeugen, so ist diese Regulierung der Preise unbedingt wirksam.

Unter Berücksichtigung der großen Bedeutung des Außenhandels wäre zur Herbeiführung der dafür erwünschten festen Wechselkurse eine internationale Verständigung zu erstreben. Solange eine solche jedoch nicht erzielt ist, hat man die Wahl zu treffen, ob die Geldverwaltung die Festigkeit der Inlandpreise oder die der Wechselkurse zum Maßstab der Geldausgabe machen soll.

Wer Zahlungen im Auslände zu machen hat, bediene sich der Wechsel, welche die Ausfuhrhändler (Exporteure) als Erlös für die ins Ausland gelieferten Waren feilhalten. Bei Goldbedarf für Auslandszahlungen ist Gold in Barren (also ungemünzt!) zu verwenden, welches für das hier bemusterte Papiergeld bei der Geldverwaltung zu kaufen ist. Für kleinere Beträge bedient man sich nach wie vor der internationalen Postanweisungen.

Durch den Kursverlust von z. B. 5,1% jährlich dürfte die umlaufende Geldmasse um jährlich 300—400 Millionen Mark abnehmen. Damit aber daraus kein Geldmangel entsteht, muß die Geldverwaltung diese Millionen immer durch neu herzustellendes Geld jährlich ersetzen. Dies bedeutet für sie also eine regelmäßige Einnahme, da sie diesen Ersatzbetrag von 300—400 Millionen jährlich bei der Einlösung des alten Geldes am Jahresschluß nicht mit auszuzahlen hat.

Bei dieser Einnahme der Geldverwaltung handelt es sich um eine unbeabsichtigte Nebenwirkung der Geldreform, von verhältnismäßig ganz untergeordneter Bedeutung. Ueber die Verwendung dieser Summen sind besondere gesetzliche Bestimmungen zu treffen.

Wirkungen des physiokratischen Geldes.

a) auf den Handel:

1. Unaufhaltsamkeit der Geldzirkulation und dadurch allmähliches Barzahlungssystem.
2. Ununterbrochener Absatz für Waren und Produkte.
3. Beseitigung der Handels- und Wirtschaftskrisen.
4. Ausschaltung der Ursachen für Paniken, Preis- und Kursstürze.
5. Beseitigung der Konjunktur-Schwankungen (allgemeine Hausse- und Baisseperioden) und der damit zusammenhängenden Preisveränderungen der Waren und des Geldes.
6. Ausschaltung der Börsenjobberei und der Spekulation.
7. Vereinfachung und Verbilligung des Handels überhaupt.
8. Erübrigung der meisten offenen Ladengeschäfte und allmählicher Uebergang des überflüssig werdenden Handelspersonals zur Produktionsbeteiligung.
9. Herabsetzung der hohen Handelsspesen von 30—40% auf etwa 3—5%.
10. Erübrigung und daher Beseitigung der Schutzzölle und Herbeiführung des Freihandels.
11. Beseitigung der wirtschaftlichen Ursachen der Kriege.
12. Herbeiführung einer internationalen Währungsverständigung auf der Grundlage gemeinsamer Interessen.

b) auf Kapital, Arbeit und Lohn:

1. Das Geld büßt seine Kapital. Eigenschaft ein und wird auf die Rangstufe von Ware und Arbeit herabgesetzt.

2. Unaufhaltsame Umwandlung aller erzielten Geldüberschüsse in Produktionsmittel, Wohnungen usw. ohne Rücksicht auf die Rentabilität (Mehrwert).
3. Sofortige dauernde Beseitigung der Arbeitslosigkeit, vollkommene Auflösung der Arbeiter-Reservearmee.
4. Allmähliches Heruntergehen des Kapitalzinses (Mehrwert) bei internationaler Einführung der physiokratischen Geldreform bis zur gänzlichen Beseitigung des Zinses.
5. Allmähliche Steigerung der Löhne bis zur vollen Beseitigung des Mehrwertes; abgesehen von der Grundrente, die durch unsere große Grundbesitz-Reform zu fassen ist.
6. Erleichterung des Sparens infolge Befreiung von den heutigen Zinslasten des Kapitals, infolge des nunmehr ungestörten Verlaufes der Produktion und des Handels, und infolge der auf 3—5% herabgesetzten Handelsspesen (die heute allein 30—40% des Arbeitsproduktes verschlingen).
7. Unmöglichkeit der Anhäufung von Riesenvermögen in den Händen Einzelner; statt dessen bestandige Zunahme des Wohlstandes der breiten Volksmassen.

Die wissenschaftlich-theoretische Darstellung des physiokratischen Papiergeldes enthält das Werk von S i l v i o G e s e l l :

„Die neue Lehre vom Geld und Zins."

260 S., Pr. 2,50 M. Durch alle Buchhandlungen oder direkt vom „Physiokratischen Verlag", Berlin-Lichterfelde, Ringstr. 49.

===============

Im gleichen Verlage erschien 1916 als kurze, leichtverständliche Darstellung der theoretischen Grundlagen und der praktischen Wirkungen der physiokratischen Geldreform, die kleine Schrift von G e o r g B l u m e n t h a l :

„Die Befreiung von der Geld- und Zins-Herrschaft"

(Ein neuer Weg zur Ueberwindung des Kapitalismus.)

Preis (96 Seiten) 1,— M., 6 Stück 5,— M. Größere Posten für Vereine, Gewerkschaften usw. nach Uebereinkunft.

Günter Bartsch
Porträt-Versuche von Hanna Blumenthal, Maria Magdalena Rapp-Blumenthal, Arthur Rapp und Georg Blumenthal
Leben und Wirken der frühen Anhänger
der Freiwirtschaft Silvio Gesells
Erschienen 1992 und 1994
Buch ISBN 978-3-7597-2051-1 € 00,00
Auch als E-Book

Maria Magdalena Rapp-Blumenthal
Erinnerungen an Silvio Gesell und Georg Blumenthal
Die Freiwirtschaftspioniere privat
Buch ISBN 978-3-75971-545-6
Auch als E-Book

Johanna Führer
Der Tiefbesiegte – Gedichte mit Gemälden
Die Freiwirtschaftlerin als Künstlerin
Buch ISBN 978-3-8448-0114-9 € 9,90
E-Book ISBN 978-3-8448-2215-1 € 8,45

Johanna Führer
Das Kriegsende 1945 in Langenburg/Hohenlohe
Letzte Tage davor und erste Tage danach in
ihrer Wahlheimat gekonnt geschildert
Buch ISBN 978-3-8391-8909-2 € 4,95
E-Book ISBN 978-3-8482-8940-0 € 3,99

Informationen im Internet:
Anselm Rapp
www.verlag.anjora.de
Johanna Führer
www.johanna-fuehrer.de
Books on Demand
buchshop.bod.de/catalogsearch/result/?q=Anselm+Rapp

HUMANE
WIRTSCHAFT

... mehr als eine Zeitschrift

Die Freiwirtschaft und ihre Pioniere haben eine lange Geschichte und sind doch aktueller denn je, denn die Probleme der Moderne wollen gelöst werden.

Die Zeitschrift **HUMANE** WIRTSCHAFT schlägt diese Brücke von der Vergangenheit in die Wirtschaftswelt des 21. Jahrhunderts.

Besuchen Sie unsere Webseite:

https://humane-wirtschaft.de

Fordern Sie ein kostenloses Probeheft der Zeitschrift in unserer Geschäftsstelle an:

HUMANE WIRTSCHAFT
Katharinenstraße 14
45131 Essen

Tel.: (02 01) 45 84 57-85 Fax: 45 84 57-86
E-Mail: service@humane-wirtschaft.de